天下文化
BELIEVE IN READING

# 儒家思想在21世紀

孫震——著

# 序

世界經濟發展可分「傳統停滯時代」（traditional stagnation epoch）和「現代成長時代」（modern growth epoch）兩個階段。畫分這兩個階段的關鍵因素是長期持續的技術進步。

我們使用生產因素：勞動、資本與土地從事生產。一個國家在一定時期，例如一年或一月，最大可能的產值，決定於這個國家的技術水準。在一定技術水準下，使用的勞動增加可使產值增加。然而經濟活動有生產因素「邊際報酬遞減」的現象，經濟學稱為「邊際報酬遞減律」（law of diminishing marginal returns）。就是其他生產因素的數量不變，單獨增加一種生產因素，例如勞動，會使總產量增加，但是每增加一單位勞動所引起的「邊際產量」（marginal product）則減少，終至減少為零，這時不論勞動如何增加，總產量也不再增加。增加勞動者使用的資本，雖然可使勞動生產力提高，產量增加，但同樣受邊際報酬遞減律的限制。因此技術水準決定國家的最大產值，由於土地的限制，不論勞動和資本如何增加都不能超過。

如果沒有邊際報酬遞減現象，我們可以在一個花盆中生產出全世界需要的糧食，世界還會有饑饉嗎？如果沒有邊際報酬遞減和技術的限制，我們無所不能，世界還會有資源缺乏和貧窮的問題嗎？所以一個國家貧窮，不是因為其人民不努力工作，基本上是因為缺少技術進步，或者因為社會文化與制度的限制，使技術不能應用於生產，以致不能化為產品，產生經濟價值的緣故。

偶發、一次性的技術進步使勞動生產力增加，投資增加，總產值增加，人均所得隨之增加，生活改善。然而生活改善使人口增加，人均產值和人均所得重回原來的水準，經濟學稱之為「生存水準」（subsistence level of living）。

世界經濟發展到了十八世紀中葉，工業革命從英國開始發生，然後延伸到西歐和北美。技術進步在資本主義制度和科技研發的支持下，取得連續不斷的性質。勞動生產力不斷提高，總產值和人均產值持續增加，克服李嘉圖（David Ricardo）的邊際報酬遞減作用，跨越馬爾薩斯（Thomas R. Malthus）的「人口陷阱」，才有人均所得長期持續不斷的增加。這一現象，美國一九七一年諾貝爾經濟學獎得主顧志耐（Simon Kuznets）稱之為「現代經濟成長」，以別於過去長期中只有總產值增加而無人均產值與人均所得增加的現象。所以顧志耐稱工業革命以前為「傳統停滯時代」，工業革命以後為「現代成長時代」。

## 一

儒家思想產生於二千五百多年前我國傳統停滯時代。由於缺少技術進步，個人追求財富不會使社會的總產值、人均產值與人均所得增加，人民的福祉來自社會的和諧安定，讓人民可以和諧相處，安享太平。所以儒家重視倫理而不是財富。

倫理就是人與人之間應維持的關係，以及人與人相處應遵守的原則。倫理的實踐是道德。道德表現在人的行為之中為品德。

齊景公問政於孔子。孔子對曰：「君君，臣臣，父父，子子。」公曰：「善哉！信如君不君，臣不臣，父不父，子不子，雖有粟，吾得而食諸？」（《論語．顏淵》）

君君，臣臣，父父，子子，換成一般性的說法，就是每個人扮演好自己的社會角色。如果每個人不能扮演好自己的社會角色，則社會秩序混亂，各自爭奪自己的利益，雖然有糧食，國君能夠吃得到嗎？

不過孔子並未說財富不重要。人需要一點物質才活得下去，能說財富不重要嗎？

子曰：「富與貴是人之所欲也，不以其道，得之不處也……。」（《論語・里仁》）

財富和地位雖然重要，人人想要得到，但如不以正當的手段才能得到，則寧願不要。儒家重視倫理勝於財富與地位；追求經濟利益與社會利益不能違背倫理或道德原則。

儒家雖然認為個人對財富或利益不宜太急切，然而卻主張社會應有健全的「誘因制度」（social incentive system），獎善懲惡，獎勵對社會的和諧安定有貢獻的人，懲罰對社會的和諧安定有傷害的人。大歷史學家司馬遷說：

人道經緯萬端，規矩無所不貫。誘進以仁義，束縛以刑罰。故德厚者位尊，祿重者寵榮。所以總一海內而整齊萬民也。（《史記・禮書》）

品德好的人給他高的地位，俸祿多的人給他榮寵，如此調配社會上所有人的努力，達到社會所追求的目的，而社會的目的就是增進全民的福祉，這在傳統停滯時代就是和諧與安定。

這個社會誘因制度在孔子時代就是禮。禮包括儀式、規矩和制度三部分，通常我們只注意到儀式和規矩，而制度是維繫儀式並使規矩發揮作用的機制。在我國歷史上，當理想的行為模式（倫理）得到社會誘因制度（禮）的支持時，社會就會和諧安定，民生樂利。如禮制崩壞，是非不明，賞罰不公，社會秩序難以維持，就會陷入混亂，以致生民塗炭。

# 二

十八世紀中葉工業革命從英國開始，帶領世界經濟進入現代成長時代，經由全球化（globalization）向世界各國普及。技術不斷進步，使生產力不斷提高，社會的總產值、人均產值、人均所得不斷增加。

持續的技術進步為人類追求財富的努力，創造了發揮的空間。個人追求自己的財富使社會全體的財富增加。社會追求的目的從和諧安定擴大為社會和諧與經濟進步。於是個人的自利動機受到鼓勵。事實上，資本主義經濟的優勢正在於通過市場機制，調配每個人追求自利的努力，達到促進經濟成長、增加社會財富的目的。一九七四年諾貝爾經濟學獎得主哈耶克（Friedrich A. von Hayek）曾經說：資本主義所以優於共產主義，在於前者更能運用眾人的智慧。

個人為了追求自己的利益，籌集資金，雇用生產因素，從事生產，創造經濟價值，從中取得一部分作為自己的利潤。他所創造的價值愈多，利潤就愈多。利潤率反映生產效率。市場機制將社會有限的資源，分配給效率最高的企業，讓一定數量的資源產生最大的價值。個人的利益和社會的利益一致，使利潤得到道德的正當性。經濟學的鼻祖亞當・史密斯（Adam Smith）說，每個人心中所想的雖然是自己的利益，然而冥冥中如有「一隻看不見的手」，帶領達成社會全體的利益，而且比蓄意想達成社會的利益更為有效。

史密斯認為，人的自利之心雖然強烈，但常受「理性、原則、良心，我們胸中的居住者，就是我們心中那個人，也就是我們行為的偉大審判者和仲裁者」的節制。他並認為，市場上的自由競爭會節制自利的行為，不使造成對別人的傷害。

史密斯認為人性有利己的成分也有利他的成分。我們關心自己的幸福，所以產生審慎的美德（the virtue of prudence）。我們也關心別人的幸福，所以產生公平的美德（the virtue of justice）和仁慈的美德（the virtue of benevolence）。審慎讓我們追求財富與地位，公平是不減少別人的利益，仁慈是增加別人的利益。史密斯說：

> 為人如能做到恰好的審慎（perfect prudence），嚴格的公平（strict justice）和適當的仁慈（proper benevolence），可謂品德完美矣。

這是對個人而言。對企業經營而言，只要守住公平原則，不使任何利害關係者受到傷害，則企業所創造的價值就是為社會淨增加的價值；經營者所得到的利潤就是正當的利潤。

## 三

現代成長為世人帶來前所未有的富裕。然而以持續成長為中心的現代西方文化，追求自利，放任物欲，擴充個人的權利和自由。科技不斷進步，解除大自然給我們的限制；經濟不斷成長，解除物質給我們的限制；政治民主、社會多元，自由與鬆綁（deregulation），解除制度給我們的限制。我們膨脹自我，無所畏懼，不思節制，終將造成各種自然、經濟與社會的災害，反過來傷害我們自己，使現代成長難以持續。

二〇〇〇年九月聯合國大會通過「千禧年發展目標」（Millennium Development Goals, MDGs），提出八個目標：主要目標是在一九九〇～二〇一五年，二十五年之間，將世界赤貧人口佔總人口之比減少一半。現已於二〇一〇年超前達成。不過目前仍有將近十億人口處於赤貧狀態。

二〇一五年九月MDGs成功結束。聯合國通過二〇一五～二〇三〇之「可持續發展目標」（Sustainable Development Goals, SDGs），提出十七項目標，包括終結貧窮和飢餓，增進人民健康、教育和福祉，以及停止氣候變遷，保護海洋與照顧地球等，以達到可持續之發展。

美國夏威夷大學安樂哲（Roger T. Ames）和北京外國語大學田辰山在二〇一七年五月《國際儒學研究》的一篇論文〈儒學在世界文化秩序變革中的價值〉中指出，人類當前面臨的困境，必須在意志、價值和行為上做基本的改變才能克服。我們並非獨立存在，而是與人共處，共存才能共榮。儒家文化重視人際關係，提倡仁愛、和諧相處與共存共榮的倫理，為我們提供了良好的選擇。

我國傳統的儒家思想重視倫理，要求善盡自己的責任和義務，在自我節制和自我實現中追求人生的幸福。現代西方文化重視自利，主張自己的權利和自由，在名利和物欲的追逐中，享受生活的歡樂。個人膨脹自己的權利和自由，不斷挑戰規範與秩序。典範被推翻，權威被打倒。

我們無所敬畏，導致社會秩序混亂，最後大家一起沉淪。唯一的拯救就是重建我國儒家文化，以濟現代西方文化的不足。

## 四

儒家思想在現代成長社會可以作出的重大貢獻至少有以下五點：

### （一）人生必須知所節制

在儒家的價值系統中，物質財富雖然重要，但人生還有更重要的價值，就是倫理。人生如對物質的追求太急切，就容易造成對他人和社會的傷害。傳統停滯時代資源缺乏，我們學習節制。現代成長時代物質豐富，鼓舞了我們的貪婪之心。然而資源有時而盡，但人的欲望無窮，永無滿足之日。真正的滿足在於我們內心的充實和喜悅。無節制的自由妨礙他人的自由，破壞社會的和諧與秩序，並不能讓每個人的自由增加。真正的自由來自限制中的自由。所以孔子「七十而從心所欲，不踰矩。」

## （二）義必須在利的前面

史密斯認為，個人追求自己的利益可以達成社會全體的利益，需要兩個條件。一個是創造價值，然後賺取利潤。另外一個是在從事生產、創造價值的過程中，嚴守公平的原則。不過在現實社會中，這兩個條件有時並不存在，根本原因就是把利放在義的前面。

司馬遷說：

余讀孟子書，至梁惠王問「何以利吾國？」，未嘗不廢書而嘆也，曰：嗟乎！利誠亂之始也。夫子罕言利者，常防其原也。

故曰：「放於利而行，多怨。」自天子至於庶人，好利之弊何以異哉！

利和義並非一定會發生衝突。在不違背義的原則下追求自己的利益，一切利益來自增加的價值，個人利益才會和社會利益一致，經濟成長才不會讓社會和環境受到傷害，世界經濟才會有可持續的發展。

## （三）責任必須與權利平衡

由包括前日本首相福田赳夫（Takeo Fukuda）和前西德總理施密特（Helmut Schmidt）等世界退休民選政治領袖於一九八三年發起的「國際行動委員會」（InterAction Council），在一九九七年向聯合國提出一份〈世界人類責任宣言〉（Universal Declaration of Human Responsibilities），希望在一九九八年的聯合國大會中通過，以平衡五十年前（一九四八年）通過的〈人權宣言〉（Universal Declaration of Human Rights）對世界文化造成的影響，惜未被接受。

這個委員會於一九九七年四月二十～二十二日在維也納舉行的「高層專家小組會議」（High-level Expert Group Meeting）中提出的結論與建議報告中說：

人類義務（human obligation）的概念，有助於自由與責任的平衡：權利較與自由有關，義務則與責任相連⋯自由與責任互相依存。責任是一種道德品質，其作用在於自動對自由加以節制，任何社會自由都不能無所限制。我們所享受的自由愈多，我們對別人和自己的責任就愈大；我們的才能愈多，愈有責任充分加以施展。

又說：

隨著責任感的加強，我們的自由也因品德的增進而增加。當我們可以在各種不同行動中自由選擇時，責任感會讓我們選擇做對的事，而不做錯的事。

## （四）儒家倫理應納入企業經營之中

・**仁**：仁是儒家倫理的核心價值。仁是人之所以為人的同情與關愛之心的實踐。企業經營必須對社會有益，利潤必須來自對社會的貢獻，個人利益才會與社會全體的利益一致。

・**義**：義是行事的正當性，其最低的標準是公平。公平就是不使他人應得的利益受到損失。企業對員工、對顧客、對生意上的夥伴、對社會都必須做到義，也不對自然環境造成傷害，否則就是不義。

・**忠**：受人之託，盡心盡力、全力以赴之謂忠。企業的經理人必須像曾子，每天問一問自己：「為人謀而不忠乎？」

・**信**：信是誠實不欺；不欺人也不自欺。為什麼不自欺重要？因為人為求內心平安，最容易把不對的事合理化，欺騙自己。

## （五）為政在人，取人以身，修身以道

我國傳統的政治理想是《禮運・大同篇》的「選賢與能」，讓賢能的人在位。孔子說：

> 文武之政，布在方策。其人存，則其政舉；其人亡，則其政息。人道敏政，地道敏樹。夫政也者，蒲盧也。故為政在人，取人以身，修身以道，修道以仁。（《中庸》）

政治要由賢能的人承擔。選賢能的人要看他的人格，其中最重要的品質是仁。仁者「博施濟眾」、「修己以安百姓」，而不是追求自己的地位、權勢和利益。

因此教育必須重視倫理。社會必須建立健全的誘因制度，讓賢能的人而不是邪惡的人當道，社會才會有可持續發展的可能。

## 五

以上五點都是原則，如何落實於現實社會，還需要充實具體的內容並配合制度的設計。這是儒家理想實現於二十一世紀，同時達成社會和諧與經濟進步，使世界經濟得以永續發展，最重要的課題。否則理想永遠只是理想而已。

本書共有六章。第一章是談**個人、社會與倫理之間的關係**。有倫理人與人才能和諧相處，形成社會。理想的社會需要有健全的誘因制度，組織每個人的努力，達成社會全體的目的，實現社會全體的理想。本章為全書的架構；其後二至六章是我過去兩年在不同場所的演講或報告，事後補充、發揮、整理而成。

第二章討論**儒家思想在中華多元文化中的地位**。倫理必須得到社會誘因制度的支持才能普遍見諸實踐；這個社會誘因制度在我國傳統時代就是禮。禮制崩壞，社會希望的理想行為和個人利益長期違背，個人自會尋求趨避之道，引起文化變異甚至朝代更迭。

第三章討論**當前世界經濟的困局**。由於資源耗竭、物種滅絕、地球暖化、氣候異常，過多經濟活動追逐利潤而不創造價值，所得分配惡化，負債膨脹，經濟發展難以為繼；解救之道，有待儒家倫理的實踐。

第四章討論**世界永續發展如何達成的問題**。世界發展從傳統停滯時代進入現代成長時代，需要建立新的社會誘因制度，傳統的儒家理想與現代成長文化相結合，方能達成可持續的發展。

第五章討論我國歷史上**儒者棄政從商的典型**，闡述**儒家君子是企業家的理想人格**。

第六章談**企業家的經濟任務與社會責任**。企業家的經濟任務是創造價值，社會責任是維護公義。企業經營如能做到這兩點，個人追求自利才會促進社會全體的利益。

我感謝遠見天下文化編輯部費心幫我調整原作結構，減少重復。我也努力配合，刪去若干文字。我希望在避免重復下，仍能保持各章的獨立與完整。

最後，我感謝臺大經濟研究學術基金會的執行長陳正倉教授，為我安排良好的研究環境，讓我在退休的晚年，可以繼續讀書寫作。我感謝基金會的盧曼珍小姐為我整理文稿和打字。讀書寫作讓我感到生命充實，歲月美好。

孫震
於臺大經濟研究學術基金會
二〇一八年十月十九日

# 目錄

# 第二章

## 中華多元文化的衝突與融合——儒家思想在中華文化發展中的地位

# 第六章 企業家的經濟任務與社會責任
## ——創造價值，維護公義

# 第一章

# 個人、社會與倫理

## ——人生的選擇與追求

倫理、金錢、地位和名聲都是人生努力追求的價值。
社會誘因制度巧妙利用
社會上每個人追求這些價值的努力，
以達到社會全體的目的。
倫理價值來自人的利他之心，
人性嚮往至善。
倫理價值必須在經濟價值和社會價值前面，
追求財富和地位不損及倫理，
社會才會永保和諧與進步。

## 一、人生的追求

人因為有欲望而產生需要，需要的滿足產生效用（utility），效用產生價值（value）。價值有固有價值（intrinsic value）和工具價值（instrumental value）之別。固有價值亦稱內在價值，就是人的內心真正在乎想要的東西，也是最後要追求的東西，因此是人生所追求的終極目的（ultimate end）；工具價值是達到終極目的的手段，手段因為達到目的而有價值，因此只是中間目的（intermediate end）。

英國的哲學家邊沁（Jeremy Bentham）認為，固有價值就是我們從所得到的事物、或所達到的目的中得到的滿足感，也就是喜悅（pleasure）；喜悅的反面是痛苦（pain）。在邊沁的理論中，喜悅和痛苦可以計算，喜悅減痛苦得到「淨喜悅」（net pleasure）或「淨痛苦」（net pain）。一種行為對社會產生的後果加在一起，如果是淨喜悅，就是好行為，如果是淨痛苦，就是不好的行為。

邊沁之後英國另外一位哲學家，也是經濟學家，約翰．穆勒（John Stuart Mill）以幸福（happiness）代替邊沁的喜悅。邊沁理論中的喜悅可以計算，但幸福不能計算；喜悅是一時的，幸福是一生的。人生追求幸福，而終極目的的達成或固有價值的實現，為一切幸福的來源。社會追求的目的則是社會上最大多數人最大的幸福。

## 二、儒家的價值觀

孟子認為人之性善。怎麼知道人之性善呢？孟子說：

人皆有不忍人之心。……所以謂人皆有不忍人之心者，今人乍見孺子將入於井，皆有怵惕惻隱之心。非所以內交於孺子之父母也，非所以要譽於鄉黨朋友也，非惡其聲而然也。（《孟子．公孫丑》）

我們忽然看到一個小孩子要掉到井裏，都會產生驚恐悲憫之心，不是因為我們想要結交小孩子的父母，不是因為想要在鄉黨朋友之間博取好名聲，也不是因為不喜歡小孩子發出來的聲音，而是完全出於內心自然的反應。

孟子說：

惻隱之心，人皆有之；羞惡之心，人皆有之；恭敬之心，人皆有之；是非之心，人皆有之。惻隱之心，仁也。羞惡之心，義也。恭敬之心，禮也。是非之心，智也。仁、義、禮、智，非由外鑠我也，我固有之也，弗思耳矣。（《孟子．告子》）

惻隱之心是看到別人的不幸，自己感到悲傷心疼的同情之心。羞惡之心是做了不該做的事，或者沒去做該做的事，自己感到羞恥和厭惡之心。恭敬之心是對別人心存尊重和敬意。是非之心是辨別是與非、對與錯的心智。孟子認為惻隱之心每個人都有，羞惡之心每個人都有，恭敬之心每個人都有，是非之心也每個人都有。惻隱之心就是仁。羞惡之心就是義。恭敬之心就是禮。是非之心就是智。仁義禮智四種品德不是外面加給我們的，而是我們內心本來所具有的，我們只是沒有想而已。

孟子說：

有天爵者，有人爵者。仁義忠信，樂善不倦，此天爵也。公卿大夫，此人爵也。古之人，修其天爵而人爵從之。今之人，修其天爵以要人爵，既得人爵而棄其天爵，則惑之甚者也。終亦必亡而已矣。（《孟子・告子》）

人生有天賜我們的地位和榮耀，也有社會給我們的地位和榮耀。仁義忠信，喜歡做善事不感到厭倦，是天賜的地位和榮耀。公卿大夫，是社會給的地位和榮耀。古時候的人，修養天賜的地位和榮耀，社會給的地位和榮耀就會隨之而來。現在的人，修養天賜的地位和榮耀，是為了得到社會給的地位和榮耀，等得到社會給的地位和榮耀，就拋棄天賜的地位和榮耀，真是迷惑到了極點，因為最後連社會給的地位和榮耀也會失去。

「古之人」是孟子心目中的理想社會，在這個理想社會中，人心純真質樸，不慕富貴榮華，社會又有健全的誘因制度，獎善懲惡。所以個人雖然不去追求富貴榮華，然而社會的誘因制度，卻自動將富貴榮華給予有珍貴品德和高尚行為的人。

「今之人」是孟子心目中的現實社會，在這個社會中，人心現實，追逐名利，雖然不如理想，然而社會仍有健全的誘因制度，讓假冒為善，盜名欺世的偽君子，最後身敗名裂，丟掉富貴榮華。然而真實的社會在這二者之間，人心並非完全純真，也不是完全現實，只想著功名利祿；社會也不是經常都有健全的誘因制度。所以如何增進人的品德，健全社會的制度，乃成為造就一個理想社會的基本命題。

社會的希望就在於不論制度如何敗壞，總有一些像黃金、美玉一樣堅貞的人，堅持自己的人格與品德，不與世浮沉。

孟子引曾子曰：

晉楚之富不可及也。彼以其富，我以吾仁；彼以其爵，我以吾義。吾何慊乎哉！（《孟子‧公孫丑》）

晉國和楚國的富有是我們所不如的。然而他們所憑藉的是富有和地位，我所憑藉的是仁義道德，我有什麼不如他們的呢？

孟子也說：

說大人，則藐之，勿視其巍巍然。堂高數仞，榱題數尺，我得志弗為也。食前方丈，侍妾數百人，我得志弗為也。般樂飲酒，驅騁田獵，後車千乘，我得志弗為也。在彼者，皆我所不為也；在我者，皆古之制也，吾何畏彼哉？（《孟子‧盡心》）

要去說服有權有勢有地位的人，不要看他作威作福、了不起的樣子。他的屋宇高大堂皇，房簷伸出去有好幾尺長，我有了權勢和財富也不會去住。吃飯的時候，面前的珍饈美味排列一大片，旁邊侍候的美女幾百人，我有了權勢和財富也不會要。飲酒作樂，騎馬打獵，後面跟隨著上千輛車子，我有了權勢和財富，也不會做。他們住、吃、玩、樂的排場，都是我不要做的，而我所做的都是按照自古以來的美好制度，我有什麼可在乎他們的呢？

孟子的格局和氣勢真不是一般人可及！他所憑藉的就是人的品德比功名利祿尊貴，天爵比人爵崇高。這是儒家最基本的價值觀。在任何情況之下，人的品德和尊嚴都放在前面。

## 好利與性惡之間

孟子認為人性本善，儒家的另外一位大師荀子，則認為人之性惡：

人之性惡，其善者偽也。今人之性，生而有好利焉，順是，則爭奪生而辭讓亡焉。生而有疾惡焉，順是，故殘賊生而忠信亡焉；生而有耳目之欲，有好聲色焉，順是，故淫亂生而禮義文理亡焉。然則從人之性，順人之情，必出於爭奪，合於犯分亂理，而歸於暴。故必將有師法之化，禮義之道，然後出於辭讓，合於文理，而歸於治。用此觀之，然則人之性惡明矣，其善者偽也。(《荀子．性惡》)

荀子說人天生的本性是惡的，其所表現出來的善是教化學習的結果。這種先天為惡，經過後天努力轉變為善的表現，荀子稱之為「偽」。荀子說：「不可學，不可事，而在人者，謂之性；可學而能，可事而成之在人者，謂之偽。」怎麼知道人性本惡呢？荀子說，因為人天生愛好利，順著這樣的性子發展下去，就會產生爭奪，失去辭讓；人天生不喜歡惡，順著這樣的性子發展下去，就會產生傷害，失去忠信；人天生有耳目之欲，追求聲色的滿足，順著這樣的性子發展下去，就會產生淫亂，失去禮義和規矩。由此可知，如果順從人的性情，一定會引起爭奪，以致逾越分際，破壞規矩，而終於導致暴力，因此必須有師長與法規的教化，禮義的引導，然後才會產生辭讓，建立規範，達成秩序。這樣看起來，「人之性惡」是很明顯的，「其善者」是教化與學習的結果。

其實趨吉避凶不僅是人類的天性，也是老天爺或者大自然賦予所有生物、包括動物和植物的天性。世間一切有生命的東西有了這樣子的天性才能生存發展。人如果不知道追求自己的利益，肚子餓了，不去找東西吃，天氣冷了，不去找禦寒的衣服穿，根本就活不下去。如果人自己不去找東西吃，不去找衣服穿，等著別人給你吃穿，能算是善嗎？而且每個人照顧自己的利益，比每個人照顧別人的利益，更能有效達成所有人的利益。大自然讓每個生物個體都知道照顧自己的利益，是了不起的設計。

荀子又說：

凡古今天下之所謂善者，正理平治也；所謂惡者，偏險悖亂也，是善惡之分也矣。今誠以人之性固正理平治邪，則有惡用聖王、惡用禮義哉？雖有聖王禮義，將曷加於正理平治也哉？今不然，人之性惡。故古者聖人以人之性惡，以為偏險而不正，悖亂而不治，故為之立君上之勢以臨之，明禮義以化之，起法正以治之，重刑罰以禁之，使天下皆出於治，合於善也。是聖王之治，而禮義之化也。（《荀子．性惡》）

自古以來天下所說的善，是指明理守分，天下所說的惡是邪惡違逆，人的善惡之別就在這裏。我們如果真以為人的天性就是明理守分，那麼哪裏用得著聖王和禮義呢？縱然有聖王和禮義，還能在明理守分之外增加什麼呢？然而事實並非如此。人的天性是惡的，所以古時候聖人因為人的天性惡，邪惡不走正路，違逆不守本分，所以樹立君主的權勢以懾服他們，宣揚禮義以教化他們，建立法規制度加以治理，加強刑罰予以禁止，讓天下所有的人都知道規矩和自己的本分，合於善的標準。這就是聖王治理與禮義教化的結果。

「好利」和「疾惡」是人的天性，「爭奪」和「殘賊」是表現出來的行為，「偏險悖亂」是行為所造成的社會後果。不過人的天性好利、疾惡不一定產生爭奪、殘賊的行為，因而造成偏險悖亂的社會後果。因為人的天性除了趨吉避凶，還有孟子所說的惻隱之心、羞惡之心、恭敬之心和是非之心，節制人的行為，讓我們不致因為好利或疾惡而流於偏險悖亂。人間雖然不是天堂，但是人欲常受天理的節制。英哲亞當・史密斯說：人的自利動機雖然強烈，但卻常受「理性、原則、良心，我們胸中的居住者，就是我們心中那個人，也就是我們行為的偉大審判者和仲裁者」的節制。[1]

## 不義而富且貴，於我如浮雲

孔子未說人的天性善或惡，他只是說「性相近也，習相遠也。」（《論語・陽貨》）人的天性大家都差不多，然而環境影響和習染的結果讓差異擴大。

孔子也沒有說利不重要，「子罕言利、與命、與仁。」（《論語・子罕》）不是因為利不重要，而是因為利太重要了，人人都想得到，如果缺少節制，可能引起彼此之間利益的衝突，或者造成對別人甚至對社會的傷害，不宜多加強調。孔子說：「放於利而行，多怨。」（《論語・里仁》）放任利益引導我們的行為，或者說得嚴重一點，唯利是圖，一定會引起很多仇怨。

利是指物質利益或經濟利益，用現在的話說就是所得與財富。人需要一點財富才能生存，也需要一點財富以彰顯其社會地位，並助其發展社會關係。所以人不是不應追求財富，而是追求財富必須用正當的手段，所謂正當的手段就是義。

子曰：「富與貴是人之所欲也，不以其道，得之不處也。貧與賤是人之所惡也，不以其道，得之不去也。」（《論語・里仁》）

富和貴都是人想要得到的東西，不過如果用不正當的手段才能得到，則寧願不要富貴。貧和賤都是人所厭惡的東西，如果不以正當的手段才能去除，則寧願居於貧賤。

子曰：「飯疏食，飲水，曲肱而枕之，樂亦在其中矣。不義而富且貴，於我如浮雲。」（《論語．述而》）

人生的幸福不在財富和地位，吃粗糙的飯，喝白水，彎起手臂當枕頭，也可以快樂過日子。富貴雖然好，如果用不正當的手段才能得到，則對我來說，就像天上的浮雲一樣不相干。

子曰：「富而可求也，雖執鞭之士，吾亦為之；如不可求，從吾所好。」（《論語．述而》）

財富如果追求就可以得到，雖然做個拿鞭子的人，我也願意去做。如果不是追求就可以得到，那麼就做我喜好的事。

孔子教育弟子重視品德，不要計較財富和地位。一方面因為在孔子的價值系統中，品德比富貴更重要，另一方面因為孔子認為有了品德和學識，財富和地位就會隨之而來。

子張學干祿，子曰：

多聞闕疑，慎言其餘，則寡尤。多見闕殆，慎行其餘，則寡悔。言寡尤，行寡悔，祿在其中矣。（《論語．為政》）

孔子的弟子子張學習如何得到官位和俸祿。孔子告訴他多聽，有疑慮的部分不要說，其餘的部分小心說，就會少差錯；多看，不確定的部分不要做，其餘的部分小心做，就會少後悔。說話少差錯，做事少後悔，自然會有人請你做官，讓你有俸祿可以拿。

子曰：「不患無位，患所以立；不患莫己知，求為可知也。」（《論語．里仁》）

不要擔心沒有位子，只擔心沒有坐在那個位子上的能力；不要擔心沒有人知道我們，要做出成績讓人家知道。

孟子的天爵、人爵之說，正是發揚孔子的這種基本態度。個人盡個人的本分，社會發揮社會的功能，而社會功能的充分發揮需要一個健全的社會誘因制度（social incentive system），這個誘因制度在孔子時代就是禮。可惜周代的禮制到孔子時已經「禮壞樂崩」了。

孔子鼓勵弟子出仕。出仕就是出來做官。做官是為了施展抱負，增進全民的福祉，不是為了得到地位、權勢和俸祿。然而社會則應賦予其應有的地位、權勢，和應得的俸祿。

子路問君子。子曰：「修己以敬。」曰：「如斯而已乎？」曰：「修己以安人。」曰：「如斯而已乎？」曰：「修己以安百姓。修己以安百姓，堯舜其猶病諸。」（《論語．憲問》）

「修己以敬」是以虔誠認真的態度修習自己的品德和學識。「修己以安人」是說具備了良好的道德學問以後為社會做事，幫助別人安定生活。「修己以安百姓」是幫助全天下的人。君子是孔子心目中理想人格的典範，君子的社會使命是行仁，行仁具體的任務就是「安人」和「安百姓」。在個人方面，孔子努力培養君子的人才，在社會方面，他希望健全西周遺留下來的禮制。所以顏淵問仁，他說：「克己復禮為仁；一日克己復禮，天下歸仁焉。」（《論語・顏淵》）意思就是：有一天當大家都做到節制自己、遵守禮制，天下就到達仁的境界了。

## 三、亞當・史密斯的美德論

大家都知道亞當・史密斯是現代經濟學之父。他在《國富論》（*An Inquiry into the Nature and Causes of the Wealth of Nations*, 1776）中主要的主張，就是政府應減少干預，讓人民有充分的自由追求自己的利益。他說每個人追求自己的利益，冥冥中如有一隻看不見的手（an invisible hand），引導眾人的努力，達到社會全體的利益。

可能很少人想到，史密斯基本上是一位性善論者。他在《道德情操論》（*The Theory of Moral Sentiments*, 1759）中開卷第一段就說：

> 不論我們認為人如何自私，在他的天性中顯然有若干原則，讓他關心別人的幸福，把別人的快樂當成自己的快樂，雖然對他並無好處，只是樂於看到而已。例如同情或憐憫，就是當我們看到或想到別人的不幸時感到的一種情緒，我們從別人的悲傷中感到悲傷是顯而易見的事實，不需要任何證明。這種情感像人性中其他熱忱一樣，並不限於善良慈悲之士才有，雖然他們的感受可能比較強烈，即使窮凶極惡之輩，或鐵石心腸的亡命之徒，也非全無同情之心。

史密斯在這裏所說的不就是孟子的惻隱之心嗎？「惻隱之心人皆有之。」有了這種惻隱之心才會關心別人的幸福或不幸，並且「擴而充之」及於所有的人，甚至宇宙萬物。

雖然人皆有同情之心，但是史密斯認為，人的天性關心自己的幸福勝於關心別人的幸福。史密斯說：

每個人的天性都是首先並且主要照顧自己。每個人在每一方面都必然比照顧別人更適合也更能照顧自己。每個人感受自己的喜悅和痛苦比感受別人的喜悅和痛苦更敏銳。前者是原始的感受，後者是前者反射性或同情性的意象。前者是實體，後者可以說是影子。[2]

史密斯從人皆有同情之心，除了關心自己的幸福，也關心別人的幸福，不過關心自己的幸福優先於關心別人的幸福，發展出他的倫理觀，他說：

關心自己的幸福教我們審慎的美德（the virtue of prudence），關心別人的幸福教我們公平的美德（the virtue of justice）和仁慈的美德（the virtue of benevolence）。前者約束我們不可傷害別人的幸福，後者鼓勵我們增進別人的幸福。[3]

公平是絕對的義務，必須要求。因為我們的行為如果損及別人的利益，不僅對方不能接受，以致發生衝突，甚至影響社會秩序，造成社會的不安，難為社會所允許。仁慈不是義務，只能期待。不過資源豐富的人如能擴充仁慈之心，和有需要的人分享他的資源，一定會讓社會更為幸福和美好。

在史密斯的思想中，審慎是對健康的照顧，以及對財富和社會地位與名聲的追求，這些都是人生愉悅與幸福之所寄託與憑藉。我們生而飢思食，渴思飲，寒思衣，好喜樂而惡苦痛，都可視為大自然的聲音，呼喚我們趨吉避凶，以維護身體的良好狀況。顧好自己的身體，使其健康成長，是大自然賦予我們的首要任務。我們需要有足夠的財富以免於匱乏，得享安樂。除了財富，我們還需要地位、名聲和受人肯定與尊敬，而財富和地位相得益彰。[4]

史密斯論及財富和社會地位之間的關係，讓我們自然想起司馬遷在《史記・貨殖列傳》中的話：「得勢而益彰」，人有了地位和權勢，影響力就越發彰顯；以及「淵深而魚生之，山深而獸往之，人富而仁義附焉。富者得勢而益彰，失勢則客無所之。」雖然不免令人感慨，但也是事實。

史密斯雖然強調審慎，也就是照顧自己的利益，對於個人生存發展的重要意義，但也主張節制自己的自利之心，擴充自己的仁慈之心。正是因為自利對自己重要，越發顯示利他是人性珍貴的品質。

史密斯說：

> 多為別人著想，少為自己著想，節制私欲，樂施仁慈，成就人性的完美。[5]

又說：

> 為人如能做到恰好的審慎（perfect prudence），嚴格的公平（strict justice），與適當的仁慈（proper benevolence），可謂品格完美矣。[6]

史密斯強調自利的重要性，並且由此發展出他對經濟發展最主要的主主張，就是鼓勵個人追求自己的利益。這是他和我國儒家思想最基本的不同，也反映了這兩種思想之所產生的不同技術與經濟背景，以及其對經濟與社會發展的不同影響。然而他的「節制私欲，樂施仁慈」，以及「恰好的審慎」、「嚴格的公平」與「適當的仁慈」，則是和儒家思想完全一致的。

## 四、人生的幸福方程式

綜上所述，人性有利己的動機，也有利他的動機。利己之心讓我們追求財富和地位，利他之心讓我們追求公平和仁慈。我們前文已經討論，人生追求的最終目的就是固有價值或內在價值。財富是「經濟價值」（economic value, Ec），地位和名聲是「社會價值」（social value, So），公平和仁慈是「倫理價值」或「道德價值」（ethical value, Et）。人生的幸福來自我們從所擁有的倫理價值、經濟價值和社會價值中所獲的滿足。設「幸福」（happiness）為H，則可以得出一個人生幸福方程式：

H=F（Et, Ec, So）……(1)

Et、Ec、So都不是獨立變數。倫理雖然是個人獨立的修養，但是財富和地位使我們有更好的條件達到公平的要求和仁慈的期待。不過缺少這些條件不能作為敗德的藉口。孔子說：「君子固窮，小人窮斯濫矣。」（《論語・衛靈公》）這正如文天祥在〈正氣歌〉中的話：「時窮節乃見，一一垂丹青。」窮困考驗我們倫理的堅持，讓品德愈見高貴。品德和社會地位與名聲有助於增加財富，因為品德好的人和有社會地位、有好名聲的人更容易受到人們的信任和信賴。品德和財富也幫助我們取得和提升社會地位和名聲。

除了品德、財富和地位外，人生的態度也影響我們的幸福感。人生由於適應環境而改變態度，態度改變期待，讓不同環境下的人，其所感受的幸福沒有太大的差別。所以貧窮國家的人民可能有較高的幸福感，富有國家的人民也可能有較低的幸福感。亞當・史密斯說：

> 說到肉體的安逸和心境的平和，所有不同階層的人都差不多。那個在馬路旁曬太陽的乞丐所享有的安全，國王們要打仗才能得到。[7]

蘇東坡從繁華舒適的杭州移守貧乏艱困的密州，不改其樂。他說：「以見予之無所往而不樂者，蓋遊於物之外也。」（〈超然臺記〉）「遊於物之外」是說超然於物質享受和榮華富貴之外。

每個人有自己的煩惱，這是大自然或者老天爺給予的公平嗎？假設人生的態度為A，則(1)式可改寫如下：

$$H=F(Et, Ec, So; A) \quad \cdots\cdots(2)$$

這個人生幸福方程式最簡單的形式可寫成：

$$H=A(aEt + bEc + cSo) \quad \cdots\cdots(3)$$

a+b+c=1

不同的人賦予不同價值不同的權數，代表其不同的價值觀或人生觀，使a、b、c對不同的人有不同的數值。社會以制度形塑共同的價值觀，影響社會分子的選擇。儒家社會賦予倫理價值較大的權數，資本主義社會賦予經濟價值較大的權數。

## 五、個人、社會與倫理

人與人聚集在一起，發展出倫理，進而形成社會。什麼是倫理？倫理就是人與人之間應維持的關係與應遵守的原則，表現為社會長期利益的均衡。倫理的實踐為道德，道德表現在人的行為之中為品德。

社會的功能主要有以下幾項：（一）對內建立制度，維持秩序，形成倫理的支援體系，讓每個人扮演好自己的社會角色；（二）排除外來的災害，抵禦外來的侵略，確保族群的生存與發展；（三）促進分工、專業，提高生產力，增加所得與財富，改善人民的生活；（四）創造文化，讓人民的生活多彩多姿。社會的形成使我們從生物人成為社會人和文化人。

蔣中正總統有一幅聯語說：

**生命的意義在創造宇宙繼起的生命；**
**生活的目的在增進人類全體的生活。**

上聯說的是生物人，個體的生存只是群體延續的手段。下聯說的是社會人，社會改善了個人的生活，豐富了個人的生命；人在社會中有人情牽掛，有仁、義、忠、信，也不免有恩、怨、情、仇。

社會形成後，個人和社會形成互為手段和目的的關係。從個人的觀點看，社會是手段，用以達到個人追求的目的，包括財富、地位和聲譽。從社會的觀點看，個人是手段，社會調配個人追求各自目的的努力，藉以達到社會的目的。社會的目的就是增進社會全體人民的幸福，包括社會的和諧、安定與經濟的繁榮、進步。社會的目的也可能是富國強兵，富國強兵在一定範圍內原為增進全民福祉的手段，但在強大的政治勢力操作下，可能發展為超越全民福祉的目的，為社會帶來災害，破壞個人利益與群體利益的均衡。

一個社會如果過分重視個人目的，例如過分鼓勵個人追求財富或權利，可能損害社會的倫理和秩序，影響社會運作的機制，不僅降低達成社會目的的效率，最後也不利於個人目的的達成。反之，社會如果過分重視社會的目的，以致限制個人追求各自的目的，則不僅犧牲個人的福祉，最後也使社會的目的難以達成，甚至帶來社會的災害。當代的哲學家保羅・詹森（Paul Johnson）說過一個螞蟻和蜜蜂的寓言。螞蟻和蜜蜂有社會紀律但無個體自主（individualism），所以只能經營共同生活，但是永遠沒有進步。人類社會必須有倫理，有紀律，有秩序，也必須有讓個人充分發揮各自智慧的機制，才是社會長期和諧進步之道。[8]民主體制下的資本主義經濟，所以比集權體制下的共產主義經濟有較好的表現，就是因為更能有效利用眾人的智慧。

## 社會誘因制度

社會靠什麼機制支配其成員，以達到社會的目的呢？靠的就是社會誘因制度或獎懲制度（social reward system）。獎的部分是價值（values），懲的部分是規範（norms）。這個制度在孔子時代就是禮。司馬遷在《史記．禮書》中說：

> 人道經緯萬端，規矩無所不貫。誘進以仁義，束縛以刑罰。故德厚者位尊，祿重者寵榮，所以總一海內而整齊萬民也。

行為是達到目的的手段。人的行為千變萬化，但是有一定的道理貫穿其中。人生無非在社會規範中，追求各種終極目的的達成或固有價值的實現，從中感到幸福。這些價值包括倫理價值，具體的項目是仁義道德；經濟價值，包括所得與財富；社會價值，包括地位和名聲。中國古時候缺少現在的經濟成長，社會目的重視和諧安定，特別重視追求倫理價值，所以說「誘進以仁義」。然而光是仁義還不夠，還要「德厚者位尊，祿重者寵榮」，品德崇高的人再給他尊貴的社會地位，俸祿豐厚的人，再給他尊重和榮耀。目的就是為了調配社會上所有的人追求自己目的的努力，達成社會全體的目的。

倫理價值來自人的利他之心，人性嚮往至善。有個故事說：一個小女孩寫信問一位專欄作家，為什麼我的弟弟頑皮不聽話，功課又不好，母親卻常常給她糖果獎賞，我聽話，功課好，又幫忙做家事，可是母親從來不給我獎賞？作家不知如何回答。有個偶然的機會，作家參加朋友的婚禮，聽到新娘問牧師說，為什麼婚戒戴在左手而不是右手的手指上？牧師說，因為妳的右手已經很漂亮了，不需要再加妝飾。作家恍然大悟，立刻寫信給小女孩說，因為妳已經很完美了，不需要外加獎賞。

經濟價值來自人的利己之心，人需要一點物質財富才能生存發展，不過人對財富的追求遠超過維持生存發展所需的範圍。司馬遷在《史記．貨殖列傳》中有生動的描述：

夫神農以前，吾不知已。至若《詩》、《書》所述，虞、夏以來，耳目欲極聲色之好，口欲窮芻豢之味，身安逸樂，而心誇矜勢能之榮，使俗之漸民久矣。雖戶說以眇論，終不能化。故善者因之，其次利道之，其次教誨之，其次整齊之，最下者與之爭。

司馬遷說，神農以前的事情我是不知道了。至於像《詩》、《書》所述說的，虞、夏以來的情形，耳目想要極盡聲色的享受，口腹想要窮盡美味的滿足，身體追求安逸和享樂，心靈炫誇權勢的榮耀。這種風氣對人民的浸染已經很久了，雖然用精妙的言論挨門挨戶去勸說，都不能讓他們改變。所以最好的辦法是聽其自然，隨他們去吧，其次是順勢加以引導，再其次是告訴他們應當如何，再其次是加以限制，最壞的辦法是和他們相爭。人的本性是追求自己的利益，政府的目的是追求國家的利益，司馬遷這裏所說的五種做法，大致包羅了所有可能的經濟制度。

司馬遷又說：

由此觀之，賢人深謀於廊廟，論議朝廷；守信死節、隱居巖穴之士設為名高者安歸乎？歸於富厚也。是以廉吏久，久更富。廉賈歸富。富者人之情性，所不學而俱欲者也。故壯士在軍，攻城先登，陷陣卻敵，斬將搴旗，前蒙矢石，不避湯水之難者，為重賞使也。其在閭巷少年，攻剽椎埋，劫人作姦，掘冢鑄幣，任俠并兼，借交報仇，篡逐幽隱，不避法禁，走死地如騖者，其實皆為財用耳。今夫趙女鄭姬，設形容，揳鳴琴，揄長袂，躡利屣，目挑心招，出不遠千里，不擇老少者，奔富厚也……。（《史記．貨殖列傳》）

有才能的人士在廟堂之上議論國家大事；那些信守節義、隱居山野、追求名聲的人士為的是什麼呢？為的就是財富。做官的保持廉潔，為了久居其位，可以累積財富。做生意的人低價求售，也是為了財富。追求財富是人的本性，不需要學，大家都想要。以下舉例說，軍人冒著生命的危險衝鋒陷陣，為的是錢；不良少年作奸犯科，不顧法禁，為的是錢；趙地和鄭地的美女，化妝打扮得漂漂亮亮去勾引男人，不遠千里，不擇老少，也是為了錢……。司馬遷並說：「天下熙熙，皆為利來；天下攘攘，皆為利往。」天下來來往往的人都是為了錢忙碌。

追求社會價值：地位、名聲和權勢，也是出於人的利己之心。在中國古時候，工商業不發達，財富主要來自高官厚祿，做官不僅為了地位、名聲和權勢，也為了有豐厚的收入。亞當・史密斯認為，人追求地位和名聲的欲望比追求財富還要強烈。因為人在社會中生存發展，不只是有了錢就可以，還需要被認同、被肯定，有一點地位名聲，和影響力，受人尊敬，才會覺得人生有意義。而且地位、名聲和權勢更有助於賺取財富。權勢和財富可以說相得益彰。

倫理、金錢、地位和名聲都是人生努力追求的價值。社會誘因制度巧妙利用社會上每個人追求這些價值的努力，以達到社會全體的目的。傳統社會缺少經濟成長，社會的目的主要為和諧、安定，所以倫理成為最重要的價值。倫理源自利他。由於利他的動機微弱，所以需要經濟價值和社會價值支援，讓品德好的人得到地位和財富。現代社會追求經濟成長，社會的目的包括社會和諧安定和經濟繁榮進步，所以財富成為最重要的價值。人對財富的渴求源自利己之心，而利己的動機強烈，不需要特別獎勵和支援。然而人追求財富和地位、權勢的熱忱如過分熾烈，則可能導致倫理敗壞，引起社會動盪不安，不利於經濟成長與社會安定。這正是當前世界市場經濟與民主政治發展走入險境的根本原因。司馬遷在《史記・孟子荀卿列傳》中很感慨的說：

余讀孟子書，至梁惠王問「何以利吾國？」未嘗不廢書而嘆也。曰：嗟乎！利誠亂之始也。夫子罕言利者，常防其原也。故曰：「放於利而行，多怨。」自天子至於庶人，好利之弊何以異哉！

倫理價值必須在經濟價值和社會價值前面，追求財富和地位不損及倫理，社會才會永保和諧與進步。

（本章初稿是二〇一八年六月二十日，我在中原大學「二〇一八品格與倫理：美好人生的一堂倫理課」的專題演講）

---

1 Edward W. Ryan, *In the Words of Adam Smith*, Thomas Horton and Daughters, 1990, p.17。

2 Adam Smith, *The Theory of Moral Sentiments*, Penguin Books, Penguin Groups(USA) Inc., New York, 2009, p.258。

3 同註2，頁三〇八。

4 同註2，頁二五〇～二五一。

5 同註2，頁三一。

6 同註2，頁二八〇。

7 同註2，頁二二五。

8 Forbes Asia, 二〇〇七年九月十七日。

# 第二章

# 中華多元文化的衝突與融合

## ——儒家思想在中華文化發展中的地位

春秋、戰國時代是一個學術上百花齊放、百家爭鳴的時代。
儒家學說則是諸子百家中唯一的一套全面性思想體系，
主張從個人修養與社會制度兩方面著手，
建立一個理想的社會。
讓個人與社會共存共榮，使全民的福祉達到最大。
這套思想體系有實質，有形式；有綱領，有細目。
儘管形式多樣，細目繁複，
然而實質與綱領則簡明易曉。
歷經時代的演變和多元文化的衝突，
終成為中華文化的主流。

# 一、儒家思想的興起

我國歷史發展到了東周春秋（公元前七七〇～四七六年）、戰國（公元前四七五～二二一年）時期，技術有重大進步：井田制度潰壞，土地從公有轉為私有，[1]交通與水利建設發達，南方的稻作傳入中原，鐵製農具的使用與牛耕，都使農業生產力提高，農業剩餘增加，工商業興起，也支持了一個新興的知識階級——士，以其知識和專業服務社會，形成一個學術上百花齊放、百家爭鳴的時代。

## 時代背景

城市人口增加，規模擴大，城市的功能從政治和軍事中心向工商業及文化中心發展。理論上，一個沒有對外貿易的封閉經濟體，農業剩餘有多少，城市人口就有多少。戰國時期的通都大邑，齊有臨淄，楚有宛（南陽）、郢（江陵），燕有薊（北京），趙有邯鄲，魏有大梁（開封），秦有咸陽（西安）等。以齊國的臨淄為例，蘇秦曾對齊宣王說：「臨菑之中七萬戶，臣竊度之，不下戶三男子。三七二十一萬，不待發於遠縣，而臨菑之卒固已二十一萬矣。臨菑甚富且實，其民無不吹竽鼓瑟，彈琴擊筑，鬥雞走狗，六博蹹鞠者。臨菑之塗，車轂擊，人肩摩，連衽成帷，舉袂成幕，揮汗成雨，家實人足，志高氣揚。」（《史記・蘇秦列傳》）

地理學家薛鳳旋說：

在公元前四百年，估計新的農業技術已能支持龐大的約二千萬人的當時人口，並且使其中一大部分可以成為非農的城市人口，如《管子》記載「士農工商，國之砥也。」在農民之外已形成「城市階層」——士、工、商。估計當時的這類城市人口約在百分之三十五，比中國日後各朝代明顯高出許多。[2]

可惜這些技術進步分散在漫長的五百年間，以致其帶來的生產力提高，總產值增加，為人口增加抵消，使中國經濟停留在所謂「傳統停滯時代」（traditional stagnation epoch），未能進入「現代成長時代」（modern growth epoch）；而後者要等到大約兩千年後的英國工業革命，技術進步在科技研發與資本主義支持下，取得連續不斷的性質，方在西歐出現。長期持續的技術進步，使勞動生產力不斷提高，社會的總產值不斷增加，超越人口增加，使人均產值不斷增加，這種現象經濟學者稱之為「現代經濟成長」，迄今不過大約兩百五十年，只有我國春秋、戰國時期的一半。我們看到今日科技的突飛猛進，日新月異，就會明白，為什麼春秋、戰國時期，縱有重大技術進步，仍屬傳統停滯時代的原因。

不同於農、工、商創造經濟價值，滿足人民的物質需要，士以知識服務社會，在王路廢而禮樂崩、諸侯兼併的大爭之世，紛紛提出治國、平天下和個人安身立命的見解，成就我國春秋戰國時期燦然大備的文化。司馬談論陰陽、儒、墨、名、法、道六家要旨，引《易大傳》曰：「天下一致而百慮，同歸而殊途。」（《史記．太史公自序》）大家都希望天下太平，民生樂利，然而如何做到？各家有不同的看法。

司馬談評論陰陽、儒、墨、名、法五家學說認為各有所長，各有所短，唯有對老子的道家，認為清靜無為，以虛無為本，以順應因循為用，既不會勞神傷形，並且能成就事功。至於儒家，則「六藝經傳以千萬數，累世不能通其學，當年不能究其禮，故曰：博而寡要，勞而無功。」以至於神竭形敝。

## 儒家學說是一套完整的思想體系

魯昭公二十五年（公元前五一七年），孔子三十五歲，適齊。齊景公欲以尼谿之地封孔子。晏嬰諫齊景公，對孔子有類似的批評：

> 夫儒者滑稽而不可軌法；倨傲自順，不可以為下；崇喪遂哀，破產厚葬，不可以為俗；游說乞貸，不可以為國。自大賢之息，周室既衰，禮樂缺有間。今孔子盛容飾，繁登降之禮，趨詳之節，累世不能殫其學，當年不能究其禮，君欲用之以移齊俗，非所以先細民也。

（《史記．孔子世家》）

事實上，儒家學說是諸子百家中唯一的一套全面性思想體系，主張從個人修養與社會制度兩方面著手，建立一個理想的社會。在個人方面是培養完美自足的人格，進可以服務社會，造福人群，退可以獨善其身，怡然自得。在社會方面則是設計一套誘因制度，引導社會上每個人的努力，達成社會全體的目的，個人與社會共存共榮，讓全民的福祉達到最大。這套思想體系有實質，有形式；有綱領，有細目。儘管形式多樣，細目繁複，然而實質與綱領則簡明易曉。

孔子曰：「人而不仁如禮何？人而不仁如樂何？」（《論語．八佾》）

林放問禮之本。子曰：「大哉問。禮，與其奢也，寧儉；喪，與其易也，寧戚。」（《論語．八佾》）

禮云禮云，玉帛云乎哉？樂云樂云，鐘鼓云乎哉？（《論語・陽貨》）

儒家思想最核心的價值是仁。仁者愛人，仁是關愛悲憫之心的具體實現。仁有不同程度之仁和不同範圍之仁，禮只是社會的支援體系。禮有各種不同的形式，不同的表達方式，但最重要的是維持人與人之間適當的關係，引導每個人扮演好自己的社會角色。

## 儒家追求社會的和諧與安定

任何社會其全民福祉的來源都無非安和與樂利。和是社會的和諧與安定；利是經濟富裕，用現在的話說，就是所得與財富。所得是一個社會某一時期例如一年所生產的產值，所得累積而為財富。設全民的福祉為W，和諧與安定為S，年產值為Y，則這個社會的福利函數為：

$$W=F(S, Y)$$

由於儒家思想產生於我國傳統（技術與經濟）停滯時代，社會的總產值不變，

$$W=F(S,\bar{Y})$$

因此儒家追求的社會目的是和諧與安定，而不是經濟成長。持續的經濟成長與人均所得增加，是工業革命以後，世界進入現代成長時代才有的現象。

要想使社會達到和諧與安定，必須每個人扮演好自己的社會角色。這在個人需要遵守倫理，在社會需要一個有效的社會誘因制度，獎善懲惡，誘導並規範個人的行為，達到社會的期待，這個誘因制度在孔子時代就是禮。

什麼是倫理？倫理就是人與人之間應維持的關係，以及人與人相處應遵守的原則。倫理的實踐是道德，道德表現在行為之中為品德，具有品德之人為君子。君子是孔子所創造的理想人格的典範。

孔子在《論語・憲問》和子路的問答中，提出「修己以敬」、「修己以安人」和「修己以安百姓」君子人生的三種境界。修己是提升自己的品德與學識。安人是幫助別人，讓別人得到幸福。安百姓是讓天下所有的人得享幸福；這是一項很艱巨的任務，即使古之明君如堯舜，也有做不到的地方。

君子不主張自己的利益，從完滿的人格與服務社會、自我實現中獲得人生的幸福。

子曰：「君子謀道不謀食。耕也，餒在其中矣；學也，祿在其中矣。君子憂道不憂貧。」（《論語・衛靈公》）

君子縱然失去服務社會、實現理想的機會，也不會灰心喪志。因為人格完滿，居仁由義，俯仰無愧就是君子安身立命之道。

子謂顏淵曰：「用之則行，舍之則藏，唯我與爾有是夫！」（《論

語・述而》）

子曰：「飯疏食，飲水，曲肱而枕之，樂亦在其中矣，不義而富且貴，於我如浮雲。」（《論語・述而》）

君子常有隱逸思想，所以不會貪戀權位，迷失自我。

子曰：「道不行，乘桴浮於海，從我者，其由與？」（《論語・公冶長》）

子欲居九夷。或曰：「陋，如之何？」子曰：「君子居之，何陋之有？」（《論語・子罕》）

## 儒家對財富的態度

關於儒家對所得或財富的態度，儒學的經典很容易予人以不重視財富的印象。然而實際情形必須分不同的對象來說。首先，對人民而言，民生富裕是所有政權施政的優先項目。

子適衛，冉有僕。子曰：「庶矣哉！」冉有曰：「既庶矣，又何加焉？」曰：「富之。」曰：「既富矣，又何加焉？」曰：「教之。」（《論語．子路》）

孟子曰：「無恆產而有恆心者，惟士為能。若民，則無恆產，因無恆心；苟無恆心，放辟邪侈，無不為已。及陷於罪，然後從而刑之，是罔民也。焉有仁人在位，罔民而可為也？是故明君制民之產，必使仰足以事父母，俯足以畜妻子；樂歲終身飽，凶年免於死亡……。」（《孟子．梁惠王》）

其次，對政府或對領導人而言，政府施政的目的是增進人民的財富，而不是只顧充裕自己的府庫。而且政府的收入來自人民的賦稅，「百姓足，君孰與不足？百姓不足，君孰與足？」（《論語．顏淵》）老百姓如果沒飯吃，政府向什麼人收稅呢？

孟獻子曰：「畜馬乘，不察於雞豚；伐冰之家，不畜牛羊；百乘之家，不畜聚斂之臣；與其有聚斂之臣，寧有盜臣。」此謂國不以利為利，以義為利也。（《大學》）

長國家而務財用者，必自小人矣；彼為善之。小人之使為國家，菑害並至，雖有善者，亦無如之何矣。此謂國不以利為利，以義為利也。（《大學》）

政府如果只知聚斂自己的財富，一定會傷害到人民的財富，以致引起重大災害，這時候雖然有能幹的人出來收拾亂局，也很難有所作為了。所以「國不以利為利，以義為利也」。義是正當的做法，對政府或執政的人來說，正當的做法就是增進人民的財富。孟子見梁惠王所說的話也是同樣意思：

孟子見梁惠王。王曰：「叟不遠千里而來，亦將有以利吾國乎？」孟子對曰：「王何必曰利？亦有仁義而已矣。王曰何以利吾國？大夫曰何以利吾家？士庶人曰何以利吾身？上下交征利而國危矣……苟為後義而先利，不奪不饜。」（《孟子．梁惠王》）

最後，對士君子而言，士君子是準備進入政府或已經進入政府為民服務的人，則是對財富採淡然的態度，義而後取：

子曰：「富與貴是人之所欲也；不以其道，得之不處也。貧與賤是人之所惡也；不以其道，得之不去也。」（《論語．里仁》）

子曰：「富而可求也，雖執鞭之士，吾亦為之；如不可求，從吾所好。」（《論語．述而》）

## 禮的社會功能

雖然君子不主張自己的利益，但是社會不能沒有適當的獎懲制度，這種獎懲制度在孔子時代就是禮。司馬光說：

天子之職莫大於禮，禮莫大於分，分莫大於名。何謂禮？紀綱是也。何謂分？君臣是也。何謂名？公、侯、卿、大夫是也。夫以四海之廣，兆民之眾，受制於一人，雖有絕倫之力，高世之智，莫不奔走而服役者，豈非以禮為之紀綱哉！是故天子統三公，三公率諸侯，諸侯制卿大夫，卿大夫治士庶人……。（《資治通鑑．周紀一》）

司馬遷有更完整的說明：

人道經緯萬端，規矩無所不貫，誘進以仁義，束縛以刑罰。故德厚者位尊，祿重者寵榮，所以總一海內而整齊萬民也。（《史記．禮

書》）

仁義代表倫理或道德。人的行為受仁義道德引導，受刑罰約束。仁義道德還不夠，尚需輔以功名利祿：品德高的給他尊貴的地位，薪俸多的再給他榮耀。這一切誘因和約束都為了將天下人力加以適當安排，以達成社會希望的目的。而社會的目的就是人民全體的福祉，也就是社會和諧與經濟富裕。

司馬光筆下的禮反映周代的封建制度，一切資源和權威來自天子，天子藉著禮制統帥三公與諸侯，維持綱紀。到了司馬遷時代，誘因多元，最重要的首列仁義，反映漢代到武帝獨尊儒學，重建禮制，儒家思想的影響開始彰顯。可惜在孔子時代，禮壞樂崩，他的偉大理想不能實現，但卻為中華文化留下珍貴的資產，傳諸後世，等待發揚光大的機會。

王國維在他的〈孔子之學說〉一文，於回顧漢武帝以來，儒學歷代之盛衰後，指出：

故中國亙古今而有最大勢力者，實為儒教。國家亦歷代採用之，何則？儒教貴實踐躬行，而以養成完全之道德政治家為目的，而有為之人才亦皆籠罩於此中故也。

王國維又說孔子：

圓滿之德如春，深淵之智如海，又多才多藝。至其感化力之偉大，人格之完全，古今東西未見其比。[3]

## 對超現實世界存而不論

孔子對現實人生雖然有全面性的觀照，並且提出建立一個理想社會的構想，然而他對超現實世界則存而不論，這也是孔子為學態度嚴謹的表現。

君子於其所不知，蓋闕如也。（《論語．子路》）

子不語：怪、力、亂、神。（《論語・述而》）

季路問事鬼神。子曰：「未能事人，焉能事鬼。」曰：「敢問死。」曰：「未知生，焉知死。」（《論語・先進》）

子貢曰：「夫子之文章可得而聞也。夫子之言性與天道，未可得而聞也。」（《論語・公冶長》）

然而人對超現實的世界與身後事究竟充滿憧憬與迷惑，並不斷尋求解答。東晉的文學家和大書法家王羲之在〈蘭亭集序〉中有一段話，應是古往今來所有人共同的感歎吧！

況脩短隨化，終期於盡。古人云：「死生亦大矣。」豈不痛哉！每攬昔人興感之由，若合一契，未嘗不臨文嗟悼，不能喻之於懷。固知一死生為虛誕，齊彭殤為妄作。後之視今，亦猶今之視昔，悲夫！

## 二、從東漢到魏晉南北朝

公元前二二一年，秦始皇併吞六國統一天下，結束了長達五百年春秋、戰國戰亂紛擾的時代，然而只存續了十六年為楚、漢所滅。漢初採行黃老之術，簡政省刑，清靜無為，與民休息。到了武帝，罷黜百家，表章六藝，獨尊儒術，重建禮制。武帝元朔五年（公元前一二四年），丞相公孫弘回應武帝的詔書，「導民以禮，風之以樂……其令禮官勸學講議，洽聞興禮。」上書說：

聞三代之道，鄉里有教，夏曰校，殷曰序，周曰庠。其勸善也，顯之朝廷；其懲惡也，加之刑罰。故教化之行也，建首善自京師始，由內及外。今陛下昭至德，開大明，配天地，本人倫，勸學修禮，崇化厲賢，以風四方，太平之原也。古者政教未洽，不備其禮，請因舊官而興焉。為博士官置弟子五十人，復其身。太常擇民年十八已上，儀狀端正者，補博士弟子。郡國縣道邑有好文學，敬長上，肅政教，順鄉里，出入不悖所聞者，……得受業如弟子。一歲皆輒試，能通一藝以上，補文學掌故缺；其高第可以為郎中者，太常籍奏；即有秀才異等，輒以名聞……。（《史記・儒林列傳》）

《史記・儒林列傳》接著說：「自此以來，則公卿大夫士吏，斌斌多文學之士矣。」由此可見制度引導人才發展的重要作用。

西漢經過文景之治，武帝之雄才大略，拓展疆土，和宣帝中興，創造了我國歷史上與唐代並稱的「漢唐盛世」。西漢之末，平帝元始元年（公元元年），「全國共有一百零三個郡、國，一千三百一十四個縣和邑，民戶一千二百二十三萬三千零六十二戶，人口總數為五千九百五十九萬四千九百七十八人。」[4]

西漢傳了二百一十四年至公元八年為王莽所篡。光武帝劉秀滅「新莽」，中興漢室，於公元二十五年建立東漢。

## 社會誘因制度敗壞

東漢前三個皇帝，光武帝、明帝和章帝，都是有為之主，且有良好的儒學修養。從和帝開始，在位稍久的皇帝都是童年即位，由外戚把持朝政，及長，結合宦官，誅殺外戚，大權又落入宦官之手。外戚和宦官亂政，迫害忠良，民不聊生，盜賊紛起，國力日衰，西方的羌人，北方的匈奴和鮮卑開始入侵。

自桓帝（公元一四七～一六七年在位）開始，宦官每以「誹訕朝廷」、「圖危社稷」等莫須有罪名，興「黨錮」之獄，誣陷朝野賢良、正直、有氣節之士。社會誘因制度敗壞，成為這個時代的根本亂源。

靈帝（公元一六八～一八九年在位）時，爆發大規模的「黃巾之亂」，各地有實力的州、郡、牧守紛紛起兵，聯合討賊。黃巾之亂平定後，各自擁兵自重。曹操「挾天子以令諸侯」，利用擔任丞相的機會，掃平北方豪強，和西蜀劉備、東吳孫權鼎足而三，征戰連年，生靈塗炭。

獻帝建安十八年（公元二一三年），曹操自立為魏公，加九錫；建安二十一年（公元二一六年）自進號為魏王。[5] 建安二十四年（公元二一九年），表孫權為驃騎將軍，領荊州牧，封南昌侯。孫權上書稱臣於曹操。曹操說：「是兒欲踞吾著爐火上邪！」他手下的一些佞臣勸說，「漢祚已終……殿下安正大位，復何疑哉！」曹操怕留下罵名，不敢答應。他說：「若天命在吾，吾為周文王矣。」

這顯示東漢到了最後一個皇帝，社會的誘因制度早已崩壞，稍微有一點實力的人，各自爭權奪利，社會呈現一片末世景象。然而傳統禮制仍有若干約束人心的作用。司馬光在《資治通鑑》中評論說：

> 以魏武之暴戾強伉，加有大功於天下，其蓄無君之心久矣，乃至沒身不敢廢漢而自立，豈其志之不欲哉？猶畏名義而自抑也。由是觀之，教化安可慢，風俗安可忽哉！[6]

建安二十五年（公元二二〇年，同年改元延康）曹操薨。他的兒子曹

## 東漢各帝即位年齡及在位時間

| 君主 | 即位年齡 | 在位年數 | 在位時間（公元） |
|---|---|---|---|
| 光武帝 | 31 | 33 | 25-57 |
| 明帝 | 30 | 18 | 58-75 |
| 章帝 | 19 | 13 | 76-88 |
| 和帝 | 10 | 17 | 89-105 |
| 殤帝 | 1 | 1 | 105-106 |
| 安帝 | 13 | 19 | 107-125 |
| 少帝 | 1 | 1 | 125-125 |
| 順帝 | 11 | 19 | 126-144 |
| 沖帝 | 2 | 2 | 144-145 |
| 質帝 | 8 | 1 | 146-146 |
| 桓帝 | 15 | 21 | 147-167 |
| 靈帝 | 12 | 22 | 168-189 |
| 少帝 | 17 | 1 | 189-189 |
| 獻帝 | 9 | 32 | 189-220 |

說明：根據三民書局，《大辭典》〈中國歷史紀年表〉頁5699-5701，及《新譯後漢書》第一冊（紀）編製。

丕篡漢自立，改國號為魏，追贈曹操為武皇帝。曹操宿願得償，應該早在他預料之中吧！翌年（公元二二一年），劉備在西蜀稱帝，孫權在東吳稱帝，天下三分，進入三國時期。

## 司馬昭之心，路人皆知

這時維持政權穩定的社會誘因制度早已喪失，倫理敗壞，朝廷的權威全靠實力支撐。猶如回到英國哲學家霍布斯（Thomas Hobbes）所說的洪荒時代（the state of nature）：每個人都是別人的敵人，只有體力最強，智力最高的人，才能打敗敵人，取得利益，甚至保全性命；然而縱然是最強之人，也需要處處設防，提心吊膽，有時仍不免為人所乘。魏廷一方面需要司馬懿父子對抗西蜀和東吳，一方面用曹氏的親信加以節制。然而司馬氏的勢力始終威脅朝廷的存續。公元二五四年，司馬師廢魏三世齊王芳；公元二六〇年，司馬昭縱容部下弒魏四世高貴鄉公髦；公元二六三年魏滅（蜀）漢；公元二六五年，司馬昭的兒子司馬炎篡魏，結束了曹魏（公元二二〇～二六五年）短暫的國祚。

曹髦遇害前曾說：「司馬昭之心，路人所知也。吾不能坐受廢辱，今日當與卿自出討之。」司馬昭的心願，正和曹操一樣，到他兒子時得以實現。你怎樣對待別人，就有人怎樣對待你。當人們為了自己一時的利益，破壞了社會的綱紀，以及維繫綱紀所賴的制度，社會全體長期的利益，也就隨之失去保障；而制度和社會秩序的重建，需要長久的時間。

晉武帝司馬炎即位後，鑑於曹魏在政權遭到威脅時，缺少支援的勢力，因而大封宗室為王，以郡為國，屏障中央的地位。公元二八〇年滅吳，天下歸於一統，凡十九州，一百七十三郡國，二百四十五萬九千八百四十戶。只有西漢末年的五分之一。如果每戶的人數不變，則總人口為一千一百九十七萬九千四百二十人。

武帝平吳後，怠於政事，極意聲色；后父楊駿掌權。繼位的惠帝，就是那位大家都知道「何不食肉糜」的皇帝，昏庸無能，中樞失政，發生「八王之亂」，互相攻伐，爭奪入主中央的地位。可見失去倫理和制度的維繫，宗室和外臣，在權力和富貴的吸引下，同樣不可依靠。

## 五胡亂華與晉室東遷

中原大亂，外族乘勢入侵，導致所謂「五胡亂華」。晉懷帝永嘉五年（公元三一一年），匈奴漢主劉聰攻陷晉都洛陽，執懷帝。中原士民紛紛避亂江東。公元三一三年，懷帝遇害，司馬炎之孫鄴在長安即位，就是愍帝。根據《資治通鑑》的記載，「是時長安城中，戶不盈百，蒿棘成林，公私有車四乘，百官無章服、印綬，唯桑版署號而已。」晉祚苟延殘喘，又延續了四年，至公元三一六年愍帝出降劉聰；凡四世，五十二年。司馬懿的曾孫睿在建康即位，是為東晉。

晉室東遷以後，北方先後有四個漢人建立的國家，和十六個胡人建立的國家，互相攻伐。這些國家存續的時間大多數在十到五十年之間。唯有北魏自拓跋珪於公元三八六年建國，不斷擴大版圖，歷經東晉和南朝的宋、齊、梁，於公元五三四年分裂為東、西魏，有國一百四十九年。南方各國每個朝代都被下一朝代的開國之君篡位，直到公元五八九年隋統一天下。

這是一個國土大分裂的時代，也是一個民族大融合的時代。北方民族侵入中土，殘害中土人士，但也豐富了中國的華夏文化。中原士民隨了晉室東遷，使中原文化在中國南方發揚光大。這也是一個大動亂的時代。戰火連年，災難不斷，民不聊生，人生悲苦，嚮往一個超現實的世界。

## 三、亂世、宗教與人生

這個大動亂時期，從曹丕篡漢稱帝（公元二二〇年）到隋文帝統一天下（公元五八九年），共三百七十年；如從東漢桓帝開始（公元一四七年），則為四百六十三年。這段時期，儒家「修己」、「安人」與「安天下」的人生目的，失去社會誘因制度的支持，而主導這個誘因制度的政

## 五胡十六國紀年*

| 國號 | 起訖（存續時間） | 建國者 | 種族 | 都城 | 亡於 |
|---|---|---|---|---|---|
| 成（338年改漢） | 303-347（45年） | 李特 | 氐 | 成都 | 東晉 |
| 漢（319年改趙） | 304-329（26年） | 劉淵 | 匈奴 | 平陽（後遷長安） | 後趙 |
| 前涼 | 317-376（60年） | 張寔 | 漢 | 姑臧（甘肅武威） | 前秦 |
| 後趙 | 319-351（33年） | 石勒 | 羯 | 襄國（後遷鄴） | 冉魏 |
| 前燕 | 337-370（34年） | 慕容皝 | 鮮卑 | 龍城（後遷鄴） | 前秦 |
| 代** | 338-376（39年） | 拓跋什翼犍 | 鮮卑 | 盛樂（綏遠和林格爾） | 前秦 |
| 冉魏** | 350-352（3年） | 冉閔 | 漢 | 鄴 | 前燕 |
| 前秦（351改秦） | 350-394（45年） | 苻洪 | 氐 | 長安 | 後秦 |
| 西燕** | 384-394（11年） | 慕容泓 | 鮮卑 | 長安（後遷長子） | 後燕 |
| 後燕 | 384-409（26年） | 慕容垂 | 鮮卑 | 中山（河北定縣） | 北燕 |
| 後秦 | 384-417（34年） | 姚萇 | 羌 | 長安 | 東晉 |
| 西秦 | 385-431（47年） | 乞伏國仁 | 鮮卑 | 苑川（後遷金城） | 夏 |
| 後涼 | 386-403（18年） | 呂光 | 氐 | 姑臧 | 後秦 |
| 北魏** | 386-534（149年） | 拓跋珪 | 鮮卑 | 盛樂 | 分裂為東、西魏 |
| 北涼 | 397-439（43年） | 段業 | 匈奴 | 張掖 | 北魏 |
| 南涼 | 397-414（18年） | 禿髮烏孤 | 鮮卑 | 廉川堡（後遷西平） | 西秦 |
| 南燕 | 398-410（13年） | 慕容德 | 鮮卑 | 滑臺（後遷廣固） | 東晉 |
| 西涼 | 400-421（22年） | 李暠 | 漢 | 敦煌 | 北涼 |
| 夏 | 407-431（25年） | 赫連勃勃 | 匈奴 | 統萬（陝西橫山） | 北魏 |
| 北燕 | 409-436（28年） | 馮跋 | 漢 | 龍城 | 北魏 |

說明：根據三民書局《大辭典》〈中國歷史紀年表〉編製。
*根據北魏崔鴻《十六國春秋》得名。
**未包括在原十六國之內。

北方二十國種族之分配

| 種族 | 國數 |
| --- | --- |
| 漢 | 4 |
| 匈奴 | 3 |
| 鮮卑 | 8 |
| 羯 | 1 |
| 氐 | 3 |
| 羌 | 1 |
| 合計 | 20 |

府，在權臣的操縱之下，又常成為迫害忠良的來源，人生悲苦，各自尋求安身立命之道。

## 亂世中人性的多元反應

理論上，個人目的和社會支援體系不一致時，其反應型態有三：

（一）**順從**：這是所有社會大多數人一般的反應。渺小的個人無力與龐大的社會對抗，只有逆來順受，在被壓縮的有限範圍內，尋求自由意志的伸展和精神的解脫。不過如主宰的體制（the establishment）荒謬到極端程度，順從的群眾又常成為推翻體制的決定性力量。這就是所謂「水能載舟，亦能覆舟。」

（二）**叛逆**：叛逆有不同程度的叛逆，從違背規範，到推翻體制；成王敗寇，關鍵就在於是否得到群眾的支持。

（三）**退避**：退避也有不同形式的退避，或放浪於形骸之外，或縱欲於聲色之中，或隱逸於鄉野之間，或寄情於山林或藝術。

這三種型態並非完全獨立，順從中仍有叛逆和隱逸的成分，叛逆或隱逸中也有其他兩種型態的成分，反映著人性多元的情緒。王羲之在他的〈蘭亭集序〉中說：

> 夫人之相與，俯仰一世。或取諸懷抱，晤言一室之內；或因寄所

託，放浪形骸之外。雖取舍萬殊，動靜不同，當其欣於所遇，暫得於己，快然自足，曾不知老之將至。及其所之既倦，情隨事遷，感慨係之矣！

余英時稱這段時期為「中國思想史上第二次大突破」，在思想和行為上表現為「個體自由與群體秩序」的衝突。余英時說：

個體自覺解放了士的個性，使他們不肯壓抑自發的情感，遵守不合情理的世俗規範，這是周、孔「名教」受到老、莊「自然」挑戰的精神根源。嵇康說：「六經以抑引為主，人性以從欲為歡；抑引則違其願，從欲則得自然。」

余英時並指出「名教」和「自然」之爭不限於儒、道之爭，至東晉和南朝並發展為「情」、「禮」之爭，使「緣情制禮」成為思想界爭論的焦點。[7]

司馬遷說：

洋洋美德乎！宰制萬物，役使群眾，豈人力也哉？余至大行禮官，觀三代損益，乃知緣人情而制禮，依人性而作儀，其所由來尚矣。（《史記．禮書》）

司馬遷又說：

夫神農以前，吾不知已。至若詩書所述虞夏以來，耳目欲極聲色之好，口欲窮芻豢之味，身安逸樂，而心誇矜埶能之榮。使俗之漸民久矣，雖戶說以眇論，終不能化。故善者因之，其次利道之，其次教誨之，其次整齊之，最下者與之爭。（《史記．貨殖列傳》）

緣人情以制禮，是制禮應注意的原則，也是三代的實踐。司馬遷在《史記．禮書》中說：「故德厚者位尊，祿重者寵榮。」正是將人情追逐的功名利祿設計在禮制之中，以引導人的行為。老莊學說是戰國以來就流行的思想，至魏晉成為朝野名士之間的顯學，正是因為禮的社會功能式微，所以人民在世俗之外尋求生活和精神的安頓。

## 名教與自然的衝突

回到余英時所說的「名教」和「自然」之爭。魏晉時期的「竹林七賢」就是代表性的人物。竹林七賢包括嵇康、阮籍、阮咸、山濤、向秀、王戎和劉伶，他們都崇尚虛無，輕蔑禮法，縱酒昏酣，遺落世事。

嵇康好言老、莊，尚奇任俠。鍾會方有寵於司馬昭，聞嵇康名而造之，康箕踞而鍛，不為之禮。會將去，康曰：「何所聞而來，何所見而去？」會曰：「聞所聞而來，見所見而去。」遂深銜之。山濤為吏部郎，舉康自代。康與濤書，自說不堪流俗，而非薄湯、武。昭聞而怒之。康與東平呂安親善，安兄巽誣安不孝，康為證其不然。會因譖「康嘗欲助毋丘儉，且安、康有盛名於世，而言論放蕩，害時亂教，宜因此除之。」昭遂殺安及康。

阮籍為步兵校尉，其母卒，籍方與人圍棊，對者求籍留與決賭。既而飲酒二斗，舉聲一號，吐血數升，毀瘠骨立。居喪，飲酒無異平日。

劉伶嗜酒，常乘鹿車，攜一壺酒，使人荷鍤隨之，曰：「死後埋我。」[8]

魏晉的士大夫多崇尚老、莊之學，以為天下萬事萬物都是從無而來，所以無是本，有是末。「陰陽恃以化生，賢者恃以成德……由是朝廷士大夫皆以浮誕為美，弛廢職業。」裴頠著〈崇有論〉評論說：

夫利欲可損而未可絕有也，事務可節而未可全無也。蓋有飾為高談之具者，深列有形之累，盛陳空無之美。形器之累有徵，空無之義難檢；辯巧之文可悅，似象之言足惑；眾聽眩焉，溺其成說。雖頗有異此心者，辭不獲濟，屈於所習，因謂虛無之理誠不可蓋。一唱百和，往而不反，遂薄綜世之務，賤功利之用，高浮游之業，卑經世之賢。人情所徇，名利從之，於是文者衍其辭，訥者贊其旨。立言藉於虛無，謂之玄妙；處官不親所職，謂之雅遠；奉身散其廉操，謂之曠達；故砥礪之風，彌以陵遲。放者因斯，或悖吉凶之禮，忽容止之表，瀆長幼之序，混貴賤之級，甚者至於裸裎褻慢，無所不至，士行又虧矣……。（《資治通鑑．晉紀四》）

有人言論上以無為本，以有為末，然而行為上卻熱心名位，貪戀財富。何晏就是一個顯著的例子。何晏是何進之孫，母親是曹操的夫人，妻子是漢室的公主，從小在宮廷長大，愛好老、莊之學，著有《道德論》。我們看《三國演義》知道，何進同父異母的妹妹是漢靈帝的皇后，「黃巾之亂」一作，靈帝以何進為大將軍，袁紹和曹操都是他的部下。靈帝去世後，他的外甥少帝即位，何太后臨朝聽政，何進輔政、錄尚書事、總領軍政大權，是當時最顯赫的人物。後來因為和袁紹謀誅宦官，被宦官誘殺，揭開《三國演義》的序幕。何晏年輕時即以才秀知名。不過《三國志・魏書》說他和鄧颺等人，「進趣於時」，也就是趨炎附勢、追逐名利，明帝（公元二二七～二三九年在位）「以其浮華，皆抑黜之。」曹爽拜大將軍、都督中外諸軍事、錄尚書事當權時，任為心腹。何晏等慫恿曹爽排斥司馬懿，獨攬朝政，僭越名位，恣意享樂；自己則憑藉權勢，作威作福，圖謀私利。後來曹爽為司馬懿所執，何晏等也一起伏誅，夷三族。[9]看來何晏並未從老莊學到明哲保身的智慧，雖然位至尚書，卻和他的主子曹爽一樣，都是見識淺短、敗壞社會誘因制度的人物。

另外一個竹林七賢中的人物王戎，是晉代琅琊望族，惠帝時以尚書左僕射為司徒，《資治通鑑・晉紀四》說他：「性復貪吝，園田偏天下，每自執牙籌，晝夜會計，常若不足。」他最令人難以想像的故事是「家有好李，賣之恐人得種，常鑽其核。」有一次王戎見到竹林七賢之一阮咸的兒子瞻，問他「聖人貴名教，老莊明自然，其旨同異？」阮瞻說「將無同。」（大概一樣吧。）王戎居然「咨嗟良久，遂辟之。」（贊嘆不已，任為屬官。）[10]有晉惠帝這樣「何不食肉糜」的皇帝，就會任用王戎這樣「與時浮沉，無所匡救」的大臣，晉朝不亡也難。在這樣的亂世，人民怎會不嚮往一個超現實的世界呢？

## 佛教傳入中國

關於佛教傳入中國的時間，相傳東漢明帝（公元五八～七五年在位）夜夢金人，身長，頂有白光，飛行殿庭。以問群臣。傅毅告以西方有神，其名曰佛。遂遣郎中蔡愔使天竺，與天竺僧迦葉摩騰、竺法蘭，以白馬負經而還，在洛陽立白馬寺。不過，《後漢書》〈顯宗孝明帝紀〉和〈文苑列傳〉傅毅部分都沒有記載，只有〈西域傳〉天竺部分有這個傳說。而〈光武十王列傳〉楚王英部分說：「英少時好游俠，交通賓客，晚節更喜黃老，學為浮屠齋戒祭祀。」又說：「楚王誦黃老之微言，尚浮屠之仁祠（亦作慈）。」

從以上的文獻，我們大致可以判斷，漢明帝遣使迎佛經入中國的故事可能只是傳說。當時佛教應早已傳入中國，否則明帝不會夢見頂有白光的金人，他的弟弟楚王英也不可能已學為浮屠。中國和佛教更早的接觸，至少在漢武帝（公元前一四〇～八七年在位）驅逐匈奴，和西域諸國建立和平與貿易關係後應已開始。

《資治通鑑．漢紀三十七》也記載這個傳說，並對佛教教義有很精簡的介紹：

> 其書大抵以虛無為空，貴慈悲不殺；以為人死，精神不滅，隨復受形；生時所行善惡，皆有報應，故所貴修煉精神，以至為佛。善為宏闊勝大之言，以勸誘愚俗。

佛教最核心的思想是四真諦和八正道：

（一）苦諦（the truth of suffering）

人生充滿痛苦。生、老、病、死是苦，和恨的人相見是苦，和愛的人分離是苦，一切欲望得不到滿足都是苦；人生如果不能脫離欲望和熱情就不能解除痛苦。這就是苦諦——痛苦的真理。

（二）集諦（the truth of the cause of suffering）

人生痛苦的原因在於肉體的渴求和塵世熱情的幻想，而這些渴求和幻想的根源，深植於身體本能的欲望。欲望的根本是強烈求生的意志，欲望尋求一切想得到的東西，有時候甚至死亡。這就是集諦——痛苦原因的真理。

（三）滅諦（the truth of the cessation of suffering）

欲望是熱情的根源，欲望如果消除，熱情亦消除，一切痛苦隨之消滅。這就是滅諦——痛苦消滅的真理。

（四）道諦（the truth of the noble path to the cessation of suffering）

要想進入無欲望、無痛苦的境界，必須遵照八正道，就是正見（the right view）、正思（the right thought）、正語（the right speech）、正業（the right behavior）、正命（the right livelihood）、正精進（the right effort）、正念（the right mindfulness）和正定（the right concentration）。這就是道諦——消滅痛苦之道的真理。

明白四真諦、八正道就會帶領我們遠離貪念，離開貪念就會與世無爭：不殺生，不偷盜，不邪淫，不欺騙，不毀謗，不阿諛，不嫉妒，不嗔恚，不忘人生無常，不離正道。遵循八正道猶如手執燈火，進入暗室，黑暗立見消除，滿室一片光明。我們如明白四真諦的意義，學習遵循八正道的路線，就擁有智慧的燈火，消除愚昧（ignorance，無明）的黑暗。[11]

世間萬事萬物都是很多原因和條件共同造成的結果。這些原因和條件如消失，原來的事物也不復存在，用佛家的話說，就是一切法皆依緣而生，依緣而滅。緣生緣滅，世間一切變動無常。我們的身心也依緣而生，隨緣而變。人生的痛苦就在於愚昧和貪婪，讓我們產生不純正的欲望，盲目不停的追求不可得到的東西。因此世間一切悲苦由心而生，然而覺悟的世界（the world of enlightenment）也由心顯現。[12]

佛家最基本的信念是業（karma）和報。業原本的意思是行為（deed），包括行動、語言和心念，但在佛法中則表示行為產生的業力（potential power）。善業會產生善的後果，惡業會產生惡的後果；這個後果就是報。業是因，報是果；種善因，得善果，種惡因，得惡果，報應不爽。

生命不斷重復，稱為輪迴，今生只是生命流程中的一個階段。死不是存在的結束，而是另一輪生命的開始。今生的業報在來生。因果循環，沒完沒了，一切都因為我們無知的渴求和迷戀。人們如能澈底了解四真諦和八正道，就可以通過修練和實踐，從輪迴中解脫成佛。

佛是佛陀（Buddha）的簡稱，意思是無上覺者（the perfectly enlightened one）。佛陀的本名是喬答摩悉達多（Gautama Siddhārtha）。他於三十五歲悟道後被尊稱為佛陀；亦稱釋迦牟尼（Shakyamuni），釋迦是他的族名，牟尼是聖人的意思。

## 道教興起

我們如果說佛教是乘虛而入的外來宗教，則道教可說是因亂而起的本土宗教。道教的起源可上溯戰國時期齊燕的方士、海上神山、神仙與不死之藥的傳說。東漢道教初興，向道家清靜無為的學說，尋求形上的依據。

東漢張陵，又名張道陵，年輕時曾入太學，精通五經。順帝（公元一二六～一四四年在位）時入山修道，造作道書，以符咒法術治病，信徒尊為天師，漸形成有組織的宗教。由於天師治病常收五斗米為酬謝，故稱五斗米教或天師教。北嵩山道士寇謙之修道陵之術，自言曾遇老子，命其繼為天師，清整道教。謙之奉老子為教祖，張陵為大宗，道教的理論至此大備。

道教宣講養生成仙之道，以為修練到一定程度可以形解銷化，飛昇成仙。道教是多神教，將自古以來，由於品德或事功做出重大貢獻的先聖先賢，甚至傳說中的人物奉為神仙，加以祭拜。因而其教義向儒家接近，成為我國民間重要的信仰。

佛教傳入中國之初，由於是外來宗教，受到正統思想的排斥，西域人可以在通都大邑立寺奉之，但漢人不得出家。到了東晉，王羲之父子世奉天師道，唯亦與僧人交遊；這也是當時一般的風尚。

北魏太武帝（公元四二四～四五一年在位）信奉道教。寇謙之說他「以真君御世」，授以符籙；又奏請「作靜輪宮，必令其高不聞雞犬，欲以上接天神。」他在公元四四〇～四五〇年的年號是「太平真君」，應就是這個原因。他的大臣崔浩也是寇謙之的信徒，常建議「佛法虛誕，為世費害，宜悉除之。」（《資治通鑑．宋紀六》）公元四四六年，太武帝伐蓋吳，兵至長安，見佛寺有兵器，以為與蓋吳通謀，下令「先盡誅長安沙門，焚毀經像。」並下詔曰：

昔後漢荒君，信惑邪偽以亂天常，自古九州之中，未嘗有此。夸誕大言，不本人情，淑季之世，莫不眩焉。由於政教不行，禮義大壞，九服之內，鞠為丘墟。朕承天緒，欲除偽定真，復羲、農之治。其一切蕩除，滅其蹤跡。自今以後，敢有事胡神及造形像泥人、銅人者門誅。有非常之人，然後能行非常之事，非朕孰能去此歷代之偽物。有司宣告征鎮諸軍、刺史，諸有浮圖形像及胡經，皆擊破焚燒，沙門無少長悉阬之！（《資治通鑑．宋紀六》）

這就是歷史上迫害佛教有名的「三武之禍」。三武是北魏太武帝、北周武帝（公元五六一～五七七年在位）和唐武宗（公元八四一～八四六年在位）。當時太子晃留守魏都平城。太子素好佛法，「乃緩宣詔書，使遠近豫聞之。」讓很多僧人得以逃匿，經像得以收藏，不過北魏境內的塔廟無復存留。

太武帝晚年佛禁稍弛。文成帝（公元四五二～四六五年在位）時代，恢復州郡縣眾居之地，可以興建佛圖一區，人民可以自由出家。獻文帝（公元四六六～四七〇年在位）「好黃、老、浮屠之學」，竟然不顧群臣勸阻，禪位給五歲的兒子，自己以太上皇帝身分居住在苑中簡陋的房舍。這位受禪的皇帝就是後來將拓跋魏漢化的孝文帝（公元四七一～四九九年在位）。孝文帝精於佛學，「年十五，便不復殺生，射獵之事悉止。」（《魏書・高祖本紀》）

宣武帝（公元五〇〇～五一五年在位）「專尚釋氏，不事經籍。」「時佛教盛於洛陽，沙門之外，自西域來者三千餘人，魏主別為立永明寺千餘間以處之。」並「擇嵩山形勝之地立閒居寺，極巖壑土木之美。由是遠近承風，無不事佛，比及延昌，州、郡共有一萬三千餘寺。」孝明帝（公元五一六～五二八年在位）的母親胡太后作永寧寺，「又作石窟寺於伊闕口，皆極土木之美。而永寧尤盛，有金像高丈八者一，如中人者十，玉像二。為九層浮屠，掘地築基，下及黃泉。浮圖高九十丈，上剎復高十丈，每夜靜，鈴鐸聲聞十里。佛殿如太極殿，南門如端門。僧房千間，珠玉錦繡，駭人心目。自佛法入中國，塔廟之盛，未之有也。」[13]

南朝的宋明帝（公元四六五～四七二年在位）即位後，將舊第修建為湘宮寺，備極壯麗。他又想興建十層浮圖，未能成功，乃分為二。新安太守巢尚之謁見，他說：

> 卿至湘宮寺未？此是我大功德，用錢不少。」通直散騎侍郎虞愿侍側，曰：「此皆百姓賣兒貼婦錢所為，佛若有知，當慈悲嗟愍，罪高浮圖，何功德之有？」明帝大怒，將之驅逐下殿。（《資治通鑑．宋紀五》）

梁武帝（公元五〇二～五四九年在位）更是篤信佛教，曾經四次捨身自己所建的同泰寺。第一次是公元五二七年，「三月，辛未入寺捨身，甲戌還宮。」第二次是五二九年，「九月，癸巳，上幸同泰寺，設四部無遮大會。上釋御服，持法衣，行清淨大捨，以便省為房，素林瓦器，乘小車，私人執役。甲子，升堂法座，為四部大眾開涅槃經題。癸卯，群臣以錢一億萬祈白三寶，奉贖皇帝菩薩，僧眾默許。」第三次是五四六年，三月八日，癸卯，於同泰寺設無遮大會，捨身及所王境土，供養三寶；四月，丙戌，公卿以錢二億萬奉贖。第四次是五四七年，三月，庚子，捨身同泰寺，丙子，群臣奉贖；凡捨身三十七天。每次捨身贖回都大赦改元。[14]

大致來說，佛教和道教在中國的發展，晉代佛、道分庭抗禮，劉宋以來，道教漸衰，佛教漸盛，終至獲得全面性的勝利。

東晉修建佛寺已達一千七百六十八所，梁武帝時更達二千八百四十六所，至陳代大致如此。在北方，北魏宣武帝時，佛寺有一萬三千七百二十七所。東魏（公元五三四～五五〇年）、北齊（公元五五〇～五七七年）時，寺廟有三萬餘所，僧尼有二百餘萬人。北齊末，寺廟超過四萬所，僧尼約有三百萬人，約為當時人口的十分之一。南朝估計應有僧尼五十七萬人左右。陳亡時，戶僅五十萬，人口二百萬，僧尼人口佔總人口的百分之二十九。[15]

## 四、唐宋時期的儒家復興

儒家的理想是建立一個個體與群體和諧一致的社會，在這個社會中，個人進德修業、實現自我的努力，在社會誘因制度也就是禮的引導下，促進了社會的和諧與安定，使全民福祉達到最大。

漢末以來四百年的大動亂，摧毀了這一誘因體系，也動搖了這一體系所支持的倫理價值，致使個人徬徨迷惘，轉而向生活中的自我解放，以及超現實的世界尋找出路，於是我們看到任情適性，寄情山林，醉心文學、藝術的風尚和宗教的發展。

然而就像歷史上所有靠武力取得天下的政權一樣，馬上得天下，不能馬上治之。叔孫通為漢高祖劉邦制朝儀，高祖曰：「吾迺今日知為皇帝之貴也。」所以北方的外族入侵中國，建立政權後，不能不引進漢人的才俊之士，幫助他們鞏固政權，維持行政系統的運作順暢。以北魏為例，根據臺大孫同勛教授的統計，北魏漢臣的人數，從開國之初太祖道武帝時期的四十五人，經過太宗明元帝，至世祖太武帝增加為一百三十二人，高宗文成帝時減少，只有九十八人，顯祖獻文帝時略增為一百一十三人，高祖孝文帝時達三百三十三人，孝文以後達到五百五十六人；其佔全體朝臣的百分比，從初期的百分之三十七點五，孝文時最高，達百分之六十八點九，其後人數雖增加，但百分比則降為百分之五十六點七。

這些人才的來源有三。一是外族入侵以後仍留在中原的人士，以及這些外族入主中原之後興教立學、獎掖儒術所培養的人才。二是隨晉室南遷，在江南發展，及至魏統一北方，戰亂平息，重返北地的人士。三是當中原混亂，流居河西，與河西士人結合，保存發展儒學，魏太武帝平定河西後東徙的人士。三地學者齊集北魏，因此到孝文帝時儒學大盛。16

孝文帝本人，根據《魏書》記載：

> 帝雅好讀書，手不釋卷。五經之義，覽之便講，學不師受，探其精奧。史傳百家，無不該涉。善談莊、老，尤精釋義。才藻富贍，好

為文章，詩賦銘頌，任興而作。有大文章，馬上口授，及其成也，不改一字。自太和十年以後，詔冊皆帝之文也。其餘文章百有餘篇。[17]

南朝的梁武帝雖然篤信佛法，但也雅好儒術。他鑑於東晉和宋、齊，雖開置國學，但並未貫徹實施，乃下詔置五經博士，推廣儒學。《資治通鑑》有下面的記載：

> 天監四年春，正月，……詔曰：「二漢登賢，莫非經術，服膺雅道，名立行成。魏、晉浮蕩，儒教淪歇，風節罔樹，抑此之由。可置五經博士各一人，廣開館宇，招內後進。」於是以賀瑒及平原明山賓、吳興沈峻、建平嚴植之補博士，各主一館，館有數百生，給其餼廩，其射策通明者即除為吏。朞年之間，懷經負笈者雲會……。又選學生，往會稽雲門山，從何胤受業，命胤選門徒中經明行修者，具以名聞。分遣博士祭酒巡州郡立學。（《資治通鑑．梁紀二》）

臺大歷史系陳弱水教授以「外儒內佛」、「外儒內道」和「二元世界觀」兩組概念，作為魏晉以來一直到中唐儒家復興這段時期，中國思想的特色。二元是本／末、內／外、方外／方內。本／末指世界的本體和現實，內／外指內心寄託和外在的行為，方外／方內指超越的世界和現實生活。本、內、方外為一組，代表超現實的存在，以及尋求與其一致的生活；末、外、方內為一組，代表現實人生的秩序與規範。具體的說，本、內、方外是佛教、道教和道家思想的領域，末、外、方內是儒家的領域。陳教授說：「儒、釋、道（包括道教和道家思想）合稱三教，大家各有所司，支持起宇宙人生。這些傳統之中，佛教和道教是在中古前期才興起壯大的，和中國歷史上其他時期相比，三教鼎立可說是中古文化最突出的特徵。」[18]

佛教和道教是宗教，宗教講的是跨越死亡超現世的存在。超現世的存在無法證明，所以孔子存而不論，只講在此世建設理想的社會。然而人對超現世的存在有強烈的嚮往，對現世感到失望時尤其如此。因此魏、晉以來，佛家與道家思想的發展，儼然有淩駕儒家之勢。

## 儒家復興的先驅：韓愈、李翺

公元五八九年隋（公元五八九～六一八年）統一天下，不久又為唐（公元六一八～九〇七年）所滅。唐初雖有貞觀（公元六二七～六四九年）之治和開元（公元七一三～七四一年）之治，但接著發生安史之亂，儒家的復興要等到中唐以後。

唐代儒家復興的主要學者為韓愈；韓愈可說是唐宋儒家復興的先鋒。蘇軾在〈潮州韓文公廟碑〉中對他推崇備至。蘇軾說：

> 自東漢以來，道喪文敝，異端並起，歷唐貞觀、開元之盛，輔以房（玄齡）、杜（如晦）、姚（崇）、宋（璟）而不能救。獨韓文公起布衣，談笑而麾之，天下靡然從公，復歸於正，蓋三百年於此矣。文起八代之衰，而道濟天下之溺，忠犯人主之怒，而勇奪三軍之帥。

此豈非參天地，關盛衰，浩然而獨存者乎？

所謂八代正是指本章第二節和第三節所說的大動亂時期的東漢、魏、晉、宋、齊、梁、陳、隋；所謂「天下之溺」，則是指我們正在討論的世人對佛、道二教的陷溺。

韓愈在〈原道〉中批評佛教和道教（包含道家），不知感念先賢促進文化進步的貢獻，珍惜由此而建立的現世社會帶給人的幸福，「必棄而君臣，去而父子，禁而相生相養之道，以求其所謂清淨寂滅。」並造成對社會全體的傷害。韓愈說：「古之為民者四，今之為民者六；古之教者處其一，今之教者處其三。農之家一，而食粟之家六；工之家一，而用器之家六；賈之家一，而資焉之家六；奈之何民不窮且盜也。」古之民四是指士、農、工、商；今之民六，是指士、農、工、商、釋、道。以前只有儒教，現在有儒、釋、道三教；這三家都是不生產的。所以以前農、工、商一家生產，供四家之用，現在供六家之用。社會怎麼會不窮困甚至做強盜呢？因此韓愈要復興堯、舜、禹、湯、文、武、周公、孔子、孟子之大道。這個道就是本章第一節所說，孔子所要建立的從個人以至社會的理想世界。

韓愈說斯道傳至孟軻，「軻之死，不得其人焉。」韓愈顯然是以孟子之後繼承此一大道的傳人自居。他的氣勢像孟子，批評釋、道像孟子批評墨翟和楊朱。孟子說：「楊氏為我，是無君也，墨氏兼愛，是無父也。無父無君，是禽獸也。」楊氏為我是沒有國家和社會觀念，墨氏兼愛是沒有家庭觀念，沒有國家和社會觀念，也沒有家庭觀念，像禽獸一樣。韓愈說：「古之所謂正心而誠意者，將以有為也。今也欲治其心，而外天下國家，滅其天常。」就是說不要國家，不要社會，也不要人倫。孟子說：「楊墨之道不息，孔子之道不著。」韓愈說：「佛老之道不塞不止，聖人之道不流不行。」因此他要「人其人，火其書，廬其居，明先王之道以道之。」就是說要僧人、道士還俗，燒掉他們的書，將寺廟改為民居，然後用先王之道開導他們。

不過正因為政治敗壞，戰亂頻仍，社會帶給人民的福利減少，迫害增加，所以人民才從社會撤退，追求彼世的幸福，也因此使生之者日寡，食之者日眾，社會也日愈貧困。

另外一位唐宋儒家復興的先驅是李翱。李翱和韓愈一樣，認為「佛法害人，甚於楊墨。」李翱的〈復性書〉隔著一千多年，上接《中庸》和《孟子》。《中庸》最令人困惑之處是開頭兩句，「天命之謂性，率性之謂道。」人性表現在行為上分明有善有惡，為什麼循性發展可以謂之道呢？孟子未能交代清楚為什麼「人性本善」？雖然他用「孺子將入於井」的故事，證明人皆有惻隱之心，但不能告訴我們為什麼有惻隱之心，更不能由此引申出仁、義、禮、智四種善端是人所固有。

李翱在性之外加了一個情的因素：性是善的，然而性動生情，表現為喜怒哀懼愛惡欲各種情緒，迷亂了人的本性；本性迷亂則昏聵不明，使原本善的性不能發揮出來。所以說「情者性之邪也。」[19]聖人和一般人的不同，就在於聖人能將天命之性發揮出來，擴而充之；一般人則為情陷溺，以致失去善的本性。

然則我們應如何找到本性呢？那就要調節情的發展，使其恰到好處，達到中和的程度；妄情滅息，本性就顯現出來。《中庸》說：「喜怒哀樂之未發謂之中，發而皆中節謂之和。中也者，天下之大本也；和也者，天下之達道也。」聖人制禮以節制人的行動，作樂以調和人的情緒，就是要讓人的行動和情緒達到中和，得見本性。一般人和聖人同樣有善良的性，只要擇善固執，循之不息，就可以達到聖人的境界。循之不息就是誠。

李翱的〈復性書〉對宋儒有很大的影響。李翱說聖人之性誠，寂然不動；宋儒則主靜，追求寂然不動。李翱說「顏回未到於聖人者一息耳，非力不能也，短命而死故也。」宋儒亦說「其與聖人相去一息」，所以要學顏回之所學，以求成聖。李翱用性說明人性本善，然而性動生情，迷亂了人的本性而生出善惡。朱子則用理和氣說明，理是善的，然而人的氣稟不同所以有善惡之別。

在另一方面，李翱的思想似乎受到禪宗的影響。禪宗的六祖惠能大師在韶州大梵寺登壇說法時說：

> 善知識！菩提般若之智，世人本自有之，即緣心迷，不能自悟，須求大善知識示道見性。
>
> 善知識！愚人智人，佛性本亦無差別，只緣迷悟；迷即為愚，悟即成智。[20]

李翱說孔子將這套「誠之不息」、「盡性命之道」的心法傳之顏回。又說子思「得其祖之道，述《中庸》四十七篇，以傳于孟軻。」不過，

> 子罕言利、與命、與仁。（《論語．子罕》）
>
> 子貢曰：「夫子之文章，可得而聞也。夫子之言性與天道，不可得而聞也。」（《論語．公冶長》）

李翱此一說法，並無可信的證據。

## 儒家形上學的嘗試

唐代儒家復興的壯圖，隔著五代十國（公元九〇七～九六〇年）的亂世，有待繼起者的努力。到了北宋，宋太祖（公元九六〇～九七五年在位）「偃武修文」，讀書人以考試為晉身之階，積極參與政治，以道自任，希望回向三代之治。儒家思想回歸社會主流，釋道退居旁支的地位。朝廷著名官員，大家耳熟能詳的如范仲淹、歐陽修、司馬光、王安石、蘇軾……，同時也是學術上有成就的學者，和文章傳世的大家。他們一生志業在於輔佐君主，「安民」和「安百姓」。宋神宗熙寧七年（公元一〇七四年），蘇軾自海州（今江蘇連雲港）赴密州（今山東諸城）出任知州，有一闋〈沁園春〉寄給他的弟弟蘇轍（子由），顯示這位書生政治家的胸襟和懷抱：

孤館燈青，野店雞號，旅枕夢殘。

漸月華收練，晨霧耿耿，雲山摛錦，朝露溥溥。
世路無窮，勞生有限，似此區區長鮮歡。
微吟罷，凭征鞍無語，往事千端。

當時共客長安，似二陸初來俱少年。
有筆頭千字，胸中萬卷；致君堯舜，此事何難？
用舍由時，行藏在我，袖手何妨閒處看。
身長健，但優游卒歲，且鬥尊前。

大約同一時期，另外一批學者，包括周敦頤、邵雍、張載、程灝、程頤等，則致力於為先秦儒家的倫理觀尋求形上學的根源。他們的學說大致可歸納為以下三點：

（一）利用易經、易傳中太極、動、靜、陰、陽、五行等概念，說明宇宙萬物的化成。

（二）人與萬物為一體，互相依存，由此產生的關懷就是仁。

（三）培養仁在人的品德中成長的功夫需存敬。

關於以上三點，周敦頤有一段文字可為說明，可惜不容易理解。現擇錄於下，其中特別艱澀之處，用朱高正博士的大文加以解釋，置於括弧當中。

**濂溪先生曰：無極而太極。**（太初之時，無聲、無臭、無形迹可求的「無極」，是造化的樞紐，萬事萬物的根源；同時也是無所不包、無以復加的「太極」。）**太極動而生陽，動極而靜；靜而生陰，靜極復動……。陽變陰合，**（有了陰陽二氣，才能化生萬物。陽積極、主動，趨於陰，主於施為而為變；陰消極、被動，迎於陽，主於受納而為合。）**而生水、火、木、金、土，五氣順布，四時行焉。**（五行之質成形於地，五行之氣運化於天：即春溫、夏熱、秋涼、冬寒，土氣則寄行於春、夏、秋、冬四時。）**五行一陰陽也，陰陽一**

太極也，太極本無極也。五行之生也，各一其性。（五行固然同出於太極，但各有側重以成其性……，所以五行本身各為一太極。）無極之真，二五之精，妙合而凝。乾道成男，坤道成女。（無極乃真實的理，陰陽五行則是粹然的氣。真實的理與精醇的氣，奇妙結合而凝聚成形，則剛健的乾道成為男性，柔順的坤道成為女性。）二氣交感，化生萬物；萬物生生，而變化無窮焉。（總之，萬物統合而為一太極，萬物殊別也各自為一太極。）惟人也，得其秀而最靈。形既生矣，神發知矣。五性感動，而善惡分，萬事出矣，（人既然因為氣聚而有了形體；有稟賦於天理而有神明，又發展成智慧。於是仁、義、禮、智、信這五常之德與萬物相感應而顯現出來：得義理之正的人，就進乎陽明而為善；任血氣之偏的人，就入於陰暗而為惡。善惡一分，萬事皆由此而出。）聖人定之以中正仁義，聖人之道，仁義中正而已矣。而主靜，無欲故靜。立人極焉。（端賴有聖人垂教，聖人的氣質清明，尤為秀中之秀，其處世中庸不偏不倚，其立身正直不阿，

> 有不忍之仁心，有合宜之義行，而以主靜無欲來保全其天生的善性。眾人常失之於妄動，聖人則要求動要能定，靜也要能定，以此來樹立人道的極致。）[21]

究竟宇宙萬物是否如此化成，人性善惡是否如此產生，我們只宜看作是一種假設（hypothesis），假設經過實驗，受到肯定，才能成為理論（theory）。諾貝爾獎經濟學家傅利曼（Milton Friedman）說，理論不必真實，能說明現象、預測將來就是好理論。所以理論不必真實，假設更不必真實，一切只是自圓其說的想像。

不過北宋諸儒似乎承繼李翱的思想，認為聖人天生是一種不同的人，「不思而得，不勉而行」，一般人則必須「學而知之，勉而行之」；並且認為顏回所學就是「學以至聖人之道也」，因此在孔門弟子中給予特別高的地位；希望學顏回之所學。

然而孔子並不認為自己是聖人，他說：「若聖與仁，則吾豈敢？抑為之不厭，誨人不倦，則可謂云爾已矣。」（《論語・述而》）孔子也不是「不思而得」，更不是「生而知之」，他說，「我非生而知之者，好古，敏以求之者也。」（《論語・述而》）又說：「吾十有五而志於學，三十而立，四十而不惑，五十而知天命，六十而耳順，七十而從心所欲不踰矩。」（《論語・為政》）又說：「吾嘗終日不食，終夜不寢，以思，無益；不如學也。」（《論語・衛靈公》）宋儒特別重視顏回的品德與修養，視為成聖的門徑，和孔子鍥而不舍「修己以安人」、「修己以安百姓」的淑世理想，似乎也有一段距離。

## 新儒學的集大成者：朱熹

周敦頤以來的新儒學思想，到朱熹集其大成。這時已經進入南宋（公元一一二七～一二七九年）時期。朱熹為孔子的原始儒學補充了人性與天道的思想，使儒學臻於完備。錢穆說：「蓋自有朱子，而儒學日臻光昌。自有朱子，而儒學幾成獨尊。」（《朱子學提綱》）

關於天道，朱子認為，宇宙萬物都是從理開始發生，理與氣結合成形而為物。「人、物之生，必稟此理，然後有性；必稟此氣，然後有形。」所以宇宙間各類事物，包括人在內，各有其理，理是形而上的，無形無影，物是形而下的，有形有狀。總天地萬物之理便是太極，太極到達極致便是無極。太極不僅是宇宙全體之理，也同時存在於各類事物的每一個體之中。所以天地中有太極，萬物中也各有太極。

理只是善，這就是孟子人性本善形上學的根據。又由於總天地萬物之理為太極，而萬物中各有太極，人與宇宙萬物聯結為一體，因此人的仁愛之心也及於萬物。朱子說：「仁者以天地萬物為一體，莫非己也。」這是朱子對儒家的仁說很重要的貢獻。

理先天地存在，永恆不變。有理便有氣流行，發育萬物。理是看不見的，但可以通過物體現出來。這說明了《大學》「格物致知」，就是就那形而下的物，探求此物形而上的理。格物必須存敬。存敬就是全心全意，心無旁騖，時加反省。

關於人性，我們已經知道，這個宇宙萬物全體之理的太極，同時存在於個別事物之中，也存在於每個人之中。理是設計的藍圖，氣是使用的材質。理只是善，氣稟則有清、有濁，因此人有賢、愚、不肖。所以朱子要「存天理，滅人欲。」滅人欲不是滅絕一切人天生具有的各種欲望。朱子說：「人欲不必聲色貨利之娛，宮室觀游之侈也，但存諸心者，心失其正，便有人欲。」而且隨著客觀環境的改變，天理、人欲的區別也宜有所調整；經濟條件改善，天理的標準隨之提高，人欲的標準隨之降低。

有了朱子的理、氣之別，我們才能理解《中庸》「天命之謂性，率性之謂道，修道之謂教。」性就是理，理只是善。所以「率性之謂道」。然而人的氣稟不同，必須通過教育加以修正，這就是「修道之謂教」。

## 儒家思想重新取得主流的地位

既然宇宙萬物各有其理，則作為一種具體存在的組織——國家，也必有國家之理。一個國家按照國家之理治理，就會安和樂利，否則就會混亂窮苦。朱子認為國家之理就是堯、舜、禹、湯、文、武、周公、孔子所傳之道。朱子說：「蓋道未嘗息，而人自息之。」朱子將《大學》、《中庸》從《禮記》中抽離出來，各成一書，與《論語》、《孟子》合為四書，著《四書章句集注》。元仁宗於公元一三一三年下令以「四書」為國家考試主課，以朱注為官方解釋。直到一九〇五年清廷廢除科舉。[22]

自東漢以來，佛教昌盛，道教興起，漸和傳統的儒家鼎足而三，儒、釋、道三家成為中國文化的主流思想。余英時引陳寅恪說：

> 自晉至今，言中國之思想，可以儒釋道三教代表之。此雖通俗之談，然稽之舊史之事實，驗之今世之人情，則三教之說，要為不易之論。[23]

不過自魏晉至隋統一中國，甚至初唐時期，宗教的出世思想，在中國文化中佔有重要的地位。安史亂後，隨著社會的趨於安定，儒家復興，宗教信仰從出世轉向入世，而且往往納入儒家倫理。唐代禪宗六祖惠能有詩云：「佛法在世間，不離世間覺，離世覓菩提，恰如求兔角。」又云：「心平何勞持戒，行直何用修禪，恩則孝養父母，義則上下相憐，讓則尊卑和睦，忍則眾惡無喧……。聽說依此修行，天堂只在目前。」於是儒家思想重新取得主流的地位，成為中國文化直到今天的基本型態。

（本章原載於北京《中國文化》第四十六期，二〇一七年秋季號，頁一～二三；原文共五節，其中第五節未納入本章。）

1 土地非正式、零星由公有轉為私有，正式的全面私有要到秦始皇三十六年。侯家駒，《中國經濟史》，台北，聯經出版公司，二〇〇五年，上冊，頁一一八。

2 薛鳳旋，《中國城市及其文明的演變》，香港，三聯書局，二〇〇九年，頁一一二。

3 王國維，〈孔子之學說〉，彭華選編，《王國維儒學論集》，成都，四川大學出版社，二〇一〇年，頁三〇～六一。

4 吳榮曾、劉華祝等注譯《新譯漢書》，台北，三民書局，第一冊，導讀，頁一一。

5 根據《三國志》的記載，都是由天子冊封。參見梁滿倉、吳樹平等注譯，《新譯三國志》，台北，三民書局，二〇一三年，第一冊，頁六七、八六。

6 司馬光，《資治通鑑》，卷六十八，漢紀六十，獻帝建安二十四年。

7 余英時，《中國文化史通釋》，香港，牛津大學出版社，二〇一〇年，頁一～二二，〈綜述中國思想史上的四次大突破〉。余英時所說的四次大突破，第一次是春秋、戰國之際，禮壞樂崩，諸子百家興起的「哲學的突破」；第二次是漢、晉之際，社會大動亂時期的「個體自由與群體秩序」的衝突；第三次是唐、宋之際，儒學中興所帶來的「回向三代」，重建社會政治秩序；第四次是十六世紀明代中葉王陽明（公元一四七二～一五二九年）時代，商業發達，商人肯定自己的社會價值，王陽明「覺民所通」，以「致良知」喚醒社會大眾，掀起由下而上的社會改造運動。

8 以上皆見《資治通鑑・魏紀十》，卷七十八。

9 以上的故事見梁滿倉、吳樹平注譯《新譯三國志》，台北，三民書局，二〇一三年，頁四二五～四二九。

10 《資治通鑑・晉紀四》。

11 以上根據 Society for the Promotion of Buddhism，*The Teaching of Buddha*，中英對照佛教經典，Kosaido Printing Co., Tokyo,Japan,1966, pp.74-79。

12 同註11，頁八一～八九。

13 本段引用的文字，除《魏書・高祖本紀》，均出自《資治通鑑》。

14 《資治通鑑・梁紀七～十六》。

15 侯家駒，《中國經濟史》，台北，聯經出版公司，二〇〇五年，上冊，頁三五三～三五四。

16 孫同勛，《拓跋氏的漢化及其他：北魏史論文集》，台北縣，稻香出版社，二〇〇五年，頁五〇～六〇。

17 同上註，頁八五。

18 陳弱水，《唐代文士與中國思想的轉型(增訂本)》，台北，臺大出版中心，二〇一六年，頁七二～七三。

19 《漢書・東平思王宇傳》，漢元帝（公元前四八～三三年在位）下詔給劉宇的師傅和國相，有這樣一段話：「夫人性皆有五常，及其少長，耳目牽於嗜欲，故五常銷而邪心作。情亂其性，利勝其義，而不失厥家者，未之有也。」五常就是仁、義、禮、智、信五種天常。

20 吳宏一，《六祖壇經新譯》，台北市，遠流出版公司，二〇一三年，頁一〇〇。

21 朱高正，《近思錄通解》，台北，台灣商務印書館，二〇一〇年，首冊，頁二八～二九、七二。

22 以上關於宋儒的討論，參考馮友蘭《中國哲學簡史》之處甚多。本書是作者一九四六～四七年在美國賓州大學講學時所著，原作為英文，中文版未註明何時何地出版。

23 余英時，同註7，頁六一。

# 第三章

# 走出世界經濟的困局

## ——儒家倫理的現代經濟使命

世界經濟進入現代成長時代至今兩百餘年，
為世人帶來前所未有的富裕。
然而由於資本主義把利放在義的前面，
緊要關頭棄義取利，
以致造成對他人、對社會、
甚至對自然環境的傷害，
使現代成長難以為繼。
唯有結合儒家倫理優先的價值觀與健全的現代社會誘因制度，
才能使世界在和諧安定中達成可持續的發展。

## 一、技術進步與經濟成長

一國的技術水準決定這個國家在一定期間，例如一年，最大可能的總產值，也就是最大可能的「國內生產毛額」（gross domestic product, GDP）。

勞動數量增加可使總產值增加，但是生產活動有邊際報酬遞減的作用，經濟學稱之為「邊際報酬遞減律」（law of diminishing marginal returns），就是在一定技術條件下，其他生產因素的數量不變，單獨增加一種生產因素的數量，總產值會增加，但是增加的產值會隨了這種生產因素數量的增加而減少，最後減少為零，甚至負值。經濟學考試有一道題目：如果沒有邊際報酬遞減作用，則我們可以在一個花盆中，生產出全世界所需要的糧食。如果增加勞動生產就會增加，世界上會有窮人和貧窮的國家嗎？

增加資本同樣受邊際報酬遞減作用的限制。所以到了最後，不論增加勞動或增加資本，都不能使總產值增加。

偶發一次性的技術進步，使勞動生產力提高，總產值和人均產值增加，生活改善，根據馬爾薩斯（Thomas R. Malthus）的人口理論，人口就會增加，使人均產值減少，回到原來的水準。

所以在人類經濟發展的歷史中，直到十八世紀後半工業革命發生，我們長期只看到總產值和人口增加，不見人均產值增加。十八世紀後半工業革命首先在英國發生，技術進步在科技研發與資本主義制度支持下，取得連續不斷的性質。勞動生產力不斷提高，總產值不斷增加，抵消邊際報酬遞減的作用，跨越人口增加的陷阱，才有長期持續不斷的人均產值與人均所得增加。

## 傳統停滯時代與現代成長時代

一九七一年諾貝爾經濟學獎得主顧志耐（Simon Kuznets）將工業革命以前的時代叫做「傳統停滯時代」，以後的時代叫做「現代成長時代」。

傳統停滯時代並非沒有技術進步，而是沒有長期持續的技術進步，以致其所引起的總產值增加為人口增加所抵消，使人均產值增而復減。進入現代成長時代，因為有長期持續的技術進步，才有長期持續的人均產值增加。這種現象顧志耐稱之為「現代經濟成長」，以別於傳統停滯時代長期中只有總產值增加而無人均產值增加的現象。

皮凱提（Thomas Piketty）在其二〇一四年出版的《二十一世紀資本論》（*Capital in the Twenty-First Century*）中有一組統計數據，恰好可拿來佐證顧志耐傳統停滯時代與現代成長時代的區分（見下頁上方表格）。

公元一到一七〇〇年是傳統停滯時代，總產值的平均年增加率為百分之零點一，人口的平均年增加率亦為百分之零點一，人均產值短期間起起伏伏當然會有，但長期的平均年增率為零。公元一七〇〇到二〇一二年是現代成長時代，總產值的平均年增率為百分之一點六，其中百分之零點八為人口增加抵消，其餘百分之零點八為人均產值的平均年增加率。

我們如將現代成長時代細分為三個時期，每一時期在一百年左右，

世界總產值、人口、與人均產值平均年增率（%）

| 年別 | 總產值 | 人口 | 人均產值 |
|---|---|---|---|
| **1-1700 傳統停滯時代** | **0.1** | **0.1** | **0.0** |
| **1700-2012 現代成長時代** | **1.6** | **0.8** | **0.8** |
| 1700-1820 | 0.5 | 0.4 | 0.1 |
| 1820-1913 | 1.5 | 0.6 | 0.9 |
| 1913-2012 | 3.0 | 1.4 | 1.6 |

資料來源：Thomas Piketty, Capital in the Twenty-First Century, 2014, p.73。

則可發現總產值的平均年增率從百分之零點五提高到百分之三。這是因為現代經濟成長隨著全球化範圍擴大，進入越來越多的國家。一九一三年第一次世界大戰前夕，現代經濟成長大致停留在西歐、北美和日本等現在所謂的已開發國家（developed countries; more developed countries, MDC）。從第一次世界大戰開始到第二次世界大戰結束，當中發生一九二九年的經濟恐慌和其後的經濟大蕭條（the great depression），全球化幾乎停頓。

第二次世界大戰結束後，初期全球化僅擴及少數所謂發展中國家（developing countries; less developed countries, LDC），包括台灣、香港、新加坡、南韓所謂東亞「四小龍」。一九八〇年代以來，中國和印度兩個人口大國對外開放，加入世界市場，繼而蘇聯瓦解，東歐共產主義政體崩潰，拉丁美洲國家放棄進口代替、改採出口擴張策略，世界經濟進入全面全球化階段，現代經濟成長大致普及世界各地。[1]

## 鎖國政策延誤中國進入現代成長時代

中國長期處於傳統停滯時代，其間並非沒有技術進步，而是缺少長期持續的技術進步，因此也沒有長期持續的經濟成長。經歷漢末至魏晉南北朝的長期戰亂，隋唐以來，天下平定，農業生產力提高，非農業人口活動隨之增加，於是工商業發達，對外貿易興盛。宋室南渡和元代疆域擴大，都有助於對外貿易的拓展，也擴大了庶民就業的領域。

唐代以來主要貿易港口為廣州和泉州。十三世紀從泉州和廣州啟運的商船、裝載絲綢、陶瓷、鐵器、日用品，沿著海岸線，經東南亞到波斯灣，再轉運到中東和歐洲，載回珠寶、象牙、犀角，香料和藥材。當時航行於太平洋和印度洋的中國帆船有「水密隔艙」、船尾舵和羅盤，構造與配備精良，水手觀星駛船，航海知識豐富，船隻的大小直到十六世紀仍遠超過歐洲。

元世祖至元二十八年（公元一二九一年），馬可波羅（Marco Polo）受託護送公主遠嫁波斯，從泉州出海。在他眼中，泉州帆檣林立，商旅往來，是世界最大港口之一。當時的泉州因遍植刺桐而稱刺桐港。歐洲旅行家伊本・白圖泰（Ibn Baṭūṭah）於明太祖洪武七年（公元一三七四年）遠渡重洋，來到泉州。在他筆下：

刺桐港是世界上各大港之一，在我看來，說它是世界上最大的港口，也一點不假。我在港口看到的大船就有一百多艘，而小船則不可勝數。

根據白圖泰的描寫，泉州是個很有魅力的美麗城市，每幢房子的前後都有花園和空地，和他的家鄉摩洛哥塞格爾美撒城一樣。他在印度時親眼看到元朝皇帝送給印度國王的高級禮品中有一百匹刺桐的絲綢。這裏生產的瓷器運到印度等地，並遠銷到摩洛哥。許多技術最先進、設備最齊全的中國商船，都是這裏或廣州製造。大的商船有三至十二張帆，一艘可乘一千多人。[2]

中國的海上事業到鄭和七下西洋達到高峰。鄭和從明成祖永樂三年（公元一四〇五年）首次下西洋，到明宣宗宣德八年（公元一四三三年）第七次下西洋返國，死於途中，歷時二十八年。每次出航的規模約有大小船隻兩百餘艘，將士卒二萬七、八千人。不論船隻的大小，建造的技術，舟師的規模，航行的海域，到達的國家，都遠遠領先世界上所有國家。

鄭和首次出航後八十七年，即一四九二年，哥倫布從西班牙出發，西渡大西洋，發現新大陸。又二十七年，即一五一九年，麥哲倫從西班牙出發，跨越大西洋，進入太平洋，於一五二一年死於返國途中，「維多利亞」號獨自返回西班牙塞維亞，完成環繞地球一周的壯舉。他們率領的船隊，哥倫布不過三艘，麥哲倫不過五艘，人員不過九十人和二百六十五人。可惜鄭和七下西洋後，明廷改採閉關政策，海上事業式微。

西方則自哥倫布發現新大陸進入大航海時代。各國紛採重商主義，拓展貿易，壯大國力，並於十八世紀後期發生工業革命。經濟學的鼻祖亞當・史密斯在《國富論》中兩次提到中國比歐洲任何部分都富有，但卻沒有進步，和五百年前馬可波羅在中國看到的情形沒有很大差別。[3] 史密斯的《國富論》初版於一七七六年問世。一七七六年是中國清乾隆四十一年，當時工業革命正在英國轟轟烈烈展開，世界從此走向現代成長時代。然而中國則妄自尊大，拒絕對外開放，錯過了工業革命的列車，以致延誤了進入現代成長時代的時程。香港中文大學劉遵義院士在他的近著 *The*

*China-US Trade War and Future Economic Relations* 引Angus Maddison的統計數字說：中國GDP和世界GDP之比，十八世紀末和十九世紀初為百分之三十，一九六〇年只有百分之四點四，一九七八年改革開放前只有百分之一點七五。[4]

## 二、進入現代成長時代

傳統停滯時代受到技術條件的限制，個人追求財富不會使社會的總產值增加，因此社會重視和諧安定，不鼓勵個人追求財富。進入現代成長時代，技術的持續進步消除了社會總產值的上限，個人追求自己的財富，可以促進社會全體的財富，因而受到社會的鼓勵。史密斯的《國富論》最主要的內容，就是主張減少政府干預，鼓勵個人追求自己的利益。他書中最常被引用的一句話，就是每個人追求自己的利益，冥冥之中如有一隻看不見的手帶領，達成社會全體的利益。

史密斯所說的財富，其實是我們今天所說的所得；所得累積而成財富。所得的來源是一國勞動的年產值。一個產業的產值就是這個產業在其所使用的物件或材料上所增加的價值，也就是我們今天所說的附加價值。而一個國家的產值就是這個國家全體產業所增加的價值之和，用今天的話說就是國內生產毛額（GDP）。

為什麼個人追求自己的財富，會促進社會全體的財富呢？史密斯說：

> 產業的產出就是這個產業在其所使用的物件或材料上所增加的產值，此產值的大小，大致與生產者的利潤維持一定的比例。而生產者只有為了利潤，才會以其資本從事生產，因此他一定會將其資本用於產出可能最大、或交換最多貨幣或其他商品的產業。
>
> 然而每個社會的年收入，一定等於其產業之全部年產出的交換價值，或者更準確的說，與此交換價值根本是一件事。因此，由於每個

人都努力將其資本用於國內產業，並使其產出的價值最大，必然也使社會的年收入最多。一般而言，他既無心增進公共的利益，也不知增進了多少。他選擇投資於國內產業而不投資於國外產業，只為了自己的安全，他如此經營此產業，使其產出的價值最大，只為了自己的利得。他在此一情況和其他很多情況下一樣，被一隻看不見的手帶領，促成一項他原本無心促成的目的。他無心於此亦非必然對社會不利。他追求自己的利益，往往比蓄意促進社會的利益，更有效的促進了社會的利益。我從沒聽說那些假裝為了公共利益而交易的人做出什麼好事。說實在話，這並非一般商人具有的態度，也不需幾句話，讓他們放棄。[5]

史密斯的「一隻看不見的手」，在他所有著作中出現過三次，此處最被廣泛引用。這隻看不見的手，讓個人追求利潤的努力，達成社會最大可能的產值。另一次出現於一七五九年出版的《道德情操論》[6]。在這裏，這隻看不見的手，讓窮人和富人雖然貧富懸殊，但得到的福利則大致差不多。因為「眼睛大於肚子」，有錢人也吃不了太多。還有一次則是出現在早期的一篇論文〈天文學的歷史〉。

個人熱心追求自己的私利，從事生產活動，會不會傷害到別人的利益？史密斯認為不會。他在《道德情操論》中有下面一段話：

並非人性的和善，亦非大自然在人心燃起的仁慈微光，抵消了自利強烈的衝動，而是一種更強大的力量，更有利的動機發揮了作用。那就是理性、原則、良心，我們胸中的居住者，就是我們心中那個人，也就是我們行為的偉大審判者和仲裁者。每當我們的行動可能影響到別人的幸福時，此人就會發出響亮的聲音，驚醒我們過分的欲望……。[7]

他在《國富論》中對此未加強調，不過認為競爭會對個人的自利行為加以節制，不致對消費者和競爭者造成傷害。

企業家籌集資金，組織生產因素，從事生產。如果他在經營過程中，公平對待所有與經營有關的利害關係者，不使他們應得的利益受到損傷，則他得到的利潤，就真實反映經營的效率；他所創造的增加價值，就是社會淨增加的價值。他創造的增加價值愈大，得到的利潤也愈高。市場的價格機制（price mechanism）將社會有限的資源，按照利潤率的高低，分配給使用效率最高的經營者，使社會的總產值達到最大。

這就是史密斯的私利與公益一致學說，此一學說也為資本主義下個人追求自己的利益，提供了道德上的正當性。什麼是公平？公平是史密斯三美德：審慎、公平與仁慈中的一個德目。審慎是照顧自己的利益，公平是不減少別人的利益，仁慈是增加別人的利益。

## 三、現代成長時代的危機

世界經濟進入現代成長時代至今兩百餘年，大致依循創造價值、賺取利潤、累積資本、提升技術、促進成長的基調進行，讓人類達到前所未有的富裕。到了二〇一二年，世界總產值超過七十兆美元，人口超過七十億，平均人均產值超過一萬美元。[8]各國人均產值高低，大致反映進入現代成長時代的先後。

一九八〇年代以來之全面全球化，帶領現代成長進入世界各國，也引起貨幣數量與物價關係的改變，對世界經濟產生重大影響。一九七〇年代是世界物價膨脹（inflation）嚴重的十年。一九七三年和一九七九年兩次石油危機，不但使物價膨脹率升高，也使經濟成長率降低，有人甚至以為世界經濟從此進入低成長高膨脹的「停滯膨脹」（Stagflation）時代。然而一九八〇年代以來，世界物價趨於穩定。

根據國際貨幣基金（International Monetary Fund, IMF）的一項研究，一九八〇年代以來，工業國家以消費者物價表示的物價膨脹率顯著下降，環繞其下降趨勢的波動幅度縮小，主要新興市場的消費者物價膨脹率隨之降低。[9]

## 消費者物價膨脹率之變動（年平均%）

| | 1988-1997 | 1998-2007 |
|---|---|---|
| 先進經濟體 | 3.4 | 1.9 |
| 美國 | 3.5 | 2.6 |
| 歐元區 | …… | 2.0 |
| 日本 | 1.5 | -0.2 |
| 新興市場與發展中國家 | 53.5 | 6.8 |
| 亞洲 | 10.5 | 3.4 |

資料來源：IMF, World Economic Outlook, April 2006, p.188.

物價膨脹率下降並趨於穩定，有幾個重要原因，與一九八〇年代以來之全面經濟全球化有關：

第一，全球化之下，商品跨國自由移動，個別國家之商品供給來自世界各國。用經濟學的術語來說，商品供給之價格彈性無窮大。國內物價如有上漲，世界各國商品就會源源而來，平抑物價之漲勢。

第二，國際資金供給充裕，而且利率低。過去受外匯短絀限制，國內商品需要旺盛時，缺少外匯對外採購，致使物價上漲，如今較少受到限制。

第三，高所得國產業向中、低所得國移動，享受較低之工資，以降低生產成本，使國內失業率增加，工資不易上漲；縱然產業留在國內，拜資訊科技發達之賜，若干工作仍可委外辦理，對國內之就業與工資亦有不利影響。而新興市場之中、低所得國由於吸收高所得國之資金與技術，產能擴大，價格低廉，充裕世界商品之供給，進一步有利於物價之穩定。

除了以上三點與全球化有關的原因外，科技進步使能源使用的效率提高，新石油與天然氣蘊藏的發現，以及代替能源如頁岩油的問世，能源供給增加，石油價格下降，也是世界物價穩定的一個重要原因。

## 追逐利潤而不創造價值

維持國內物價穩定，是中央銀行首要的任務，商品價格穩定導致各國央行增加貨幣供給。根據貨幣數量學說，貨幣供給的數量增加，物價就會上漲，使貨幣的真實供給（real supply of money）減少，直到與其真實需要（real demand for money）相等，供需重達均衡為止。如今貨幣數量增加，物價不上漲，顛覆了傳統貨幣數量學說，也使過多的貨幣無從消除，繼續在經濟的其他部門尋找出路。

貨幣數量增加，物價不上漲，利率隨之下降。利率下降使保有貨幣的成本降低。根據凱因斯（John M. Keynes）貨幣需要的「流動性偏好學說」（liquidity preference theory），利率降低到一定水準，人民就會無限保有貨幣，使利率不再下降，形成所謂流動性陷阱（liquidity trap），妨礙投資增加，以致社會總有效需要不足，無法達成充分就業的所得水準。

現實的情形是，不論利率如何下降，甚至下降為零，人民也不會無限保有貨幣。利率下降使資產的價值上升。資產的價值與利率呈反比，理論上利率如下降一半，資產價值應上升一倍。因為利率減半後，現有資產之收益兩倍於降低後之利息，自然鼓勵購買，推升資產價格，直到其收益率與利率相等為止。過多的資金流入資產市場，追逐資產增值的利益，推升資產的價格。資產價格上漲產生資本利得（capital gain），資本利得吸引更多資金，使資產價格續漲。

而一九九〇年代以來，金融制度之鬆綁與金融機構之創新，包括資產證券化、各種證券經多重包裝而成為複雜結構型金融產品（complex structured finance product）、各種衍生性商品（derivatives）及金融保險制度，推波助瀾，造成全世界投資「基金」的熱潮。資產價格超過資產之收益率相對於利率所決定的價值形成泡沫。泡沫不斷膨脹，終於破滅，導致二〇〇八～二〇〇九年的世界金融危機，不僅使投資人蒙受重大損失，也讓全世界付出嚴重衰退的代價。

世界金融危機後，主要國家包括美國、日本與歐盟國家，為促進經濟復甦，紛採「量化寬鬆」（quantitative easing, QE）政策，大量購入債券，釋出貨幣，貨幣數量增加較前更多，致「名目利率」（nominal rate of interest）下降接近零，名目利率減物價膨脹率之真實利率（real rate of interest）甚至成為負值。根據英格蘭銀行前總裁Mervyn King和紐約大學David Low的估計，七大工業國不包括義大利在內，一九八〇年代中期以來之真實利率呈穩定之下降：以二〇〇八～二〇〇九年金融危機時期為界，前期之真實利率從高於百分之四降至約百分之二，二〇〇八年至今之長期真實利率，從百分之二降至約百分之負零點五。[10]

利率長期大幅下降，但未見投資有顯著增加，反映投資之利率彈性低；產業日愈集中，巨型公司興起，新興廠商減少，市場缺少競爭，熊彼得（Joseph A. Schumpeter）意義之企業家不再。企業重視利潤而非創造價值，提供就業。美國百大公司一九九四年之產值佔全國GDP之百分之三十三，二〇一三年增加為百分之四十六；前五大銀行之資產二〇〇〇年佔全部銀行資產之百分之二十五，目前為百分之四十五。世界百分之十的公司獲取世界百分之八十的利潤。營收一兆美元以上之公司佔世界營收之百分之六十，市值佔世界之百分之六十五。美國公司利潤佔GDP之比率達一九二九年以來最高，每年國內賺取之現金減投資支出達美元八千億美元，佔GDP的百分之四；如降低售價使利潤回歸歷史上之正常水準，可使消費者之帳單降低百分之二。大公司股東眾多，股權分散，機構股東佔比增加，只關心自己的利益。經理人花公司錢買公司股票，使股價上漲，讓股東高興，CEO與高級主管薪酬增加。

氾濫的資金越來越多的部分投資於資產市場，而非用於生產性投資。資產包括房地產和金融資產，而房地產證券化亦可成為金融資產。生產性投資使資本存量增加，壯大產能，增加GDP，促進經濟成長。而投資於金融市場只會使現存資產之價格上漲，市值增加，所得與財富分配惡化，背離亞當・史密斯個人利益與社會利益一致的理想。尤其是若干金融機構「大到不能倒」（too big to fall），在二〇〇八～〇九年之世界金融危機時期，由政府花全體人民的錢出手相救，「賺錢歸私，賠錢歸公」，更屬違背社會正義。

## 負債膨脹積重難返

一九八〇年代以來的全面全球化，幫助了很多國家，包括高所得國與中、低所得國，從國際市場取得資金，用於國內消費或投資，支持經濟成長，但也使世界經濟失衡擴大，[11]讓各國對外負債增加。此外，各國政府或為促進國內投資，降低租稅，或為公共政策，減少租稅，增加支出，致使預算發生赤字，並不斷擴大，負債隨之增加。加以多年以來利率不斷降低，借錢便宜，也鼓勵了公私部門舉債。負債膨脹，成為二〇〇八～〇九年金融危機的一個重要原因。然而金融危機後，世界經濟陷入衰退，各國政府紛採擴張性財政政策與貨幣政策，以挽救經濟，利率降至歷史新低，公私部門對內對外負債增加更多。

根據世界銀行統計，二〇一三年底，全體高所得國外債達六十八點四兆美元，其中七大工業國之外債為四十三點七兆美元，佔百分之六十四，所有發展中國家之外債為五點五兆美元，二者合計為七十三點九兆美元，約相當於當年世界生產總值。[12]最近國際貨幣基金發布二〇一五年底全球負債總額，不包括金融機構之負債在內為一百五十二兆美元，超過世界總產值的兩倍。然而根據McKinsey Global Institute的計算，目前政府、企業和消費者負債總額為一百九十九兆美元，接近世界GDP的三倍；較金融危機前增加五十七兆美元。負債佔GDP之比的增加率，德國為百分之十一，美國為百分之十七，巴西百分之三十五，英國百分之三十八，俄國百分之四十二，日本百分之六十七，中國百分之七十八，愛爾蘭增加最多為百分之一百五十四。[13]

過去物價膨脹率較高時期，利率高，負債的利息成本高，然而物價膨脹使負債的真實成本降低。物價如上漲一倍，負債的真實成本即減少一半，嚴重膨脹時，甚至銷化於無形。如今物價穩定，利率低，負債的利息成本雖低，但真實成本負擔沉重。政府與私人貪圖利息低廉的近利，輕易舉債，終致累積成災。

償還債務需要撙節支出，然而撙節支出使有效需要減少，不利於經濟成長；經濟衰退或復甦動能微弱時尤其不宜。所以經濟衰退時，政府往往減稅以促進民間消費，或興建公共建設以增加政府支出，二者皆使政府負債增加。台灣亦於上次世界金融危機時發放消費券，幫助民間增加消費。

最近國際貨幣基金於發布二〇一五年全球負債數額之同時，未主張各國迅速償債，並稱：「全球經濟低成長，妨礙減債，而負債增加，使成長更弱，形成惡性循環。」[14]

適當之償債時機，應在經濟成長旺盛之際，最好能緩和景氣過熱，防止物價膨脹升溫，至少不斲傷成長生機。然而以目前世界經濟熱心金錢遊戲，追逐利潤，不顧創造價值，以及負債之規模而言，實屬遙遙無期。

## 日愈嚴重的所得分配不均

當前世界經濟另外一個嚴重問題，是所得與財富分配不均的惡化。一九八〇年以來，大多數國家的所得分配不均都惡化，最好的情形是未變。所得分配不均的主要現象是薪資所得在總所得中所佔的比例減少，資產所得所佔的比例增加。在薪資所得中，中段和低端所得的薪資增加少，甚至不增反減，高端所得的薪資增加多。

造成這種現象的第一個原因是**科技持續進步**，機器代替人力，使勞動生產力不斷提高，生產同樣數額貨物與勞務所需的人力不斷減少。根據牛津大學的一份研究報告，二〇二五年美國將有百分之四十七的工作由機器取代人力。[15]樂觀的看法是剩餘人力可參與新興產業就業，引起產業結構與就業結構的改變，促進經濟的持續成長。這正是過去二百餘年世界經濟進入現代成長時代的表現。理論上，人的欲望無窮，受到技術與資源的限制不能全部滿足。隨了技術進步，生產力提高，正是新產業開發以滿足新欲望的開始。然而人的欲望升高並非全為物質欲望，在目前世人熱心賺錢，無意創業的情形下，也看不出未來的新興產業何在。

第二個原因是**全球化**。在全面全球化進行的過程中，高所得國的人力被中、低所得國的人力代替，使前者失業增加，若干人員退出勞動力，工會勢力削弱；後者也因不平衡發展，導致部門間、地區間以及不同人力間，機會不均與所得分配不均。第三個原因是**資產價格上漲**，而資產集中於富有者之手。

以上三個原因，二、三兩個原因長期中會漸失，至少重要性降低，但第一個根本原因會一直存在。生產力提高原是經濟進步追求的目的，讓更多人有更多時間可享受悠閒富裕的生活，然而卻使分配問題不斷惡化。如何讓全民分享富裕的成果？歷史上大家庭制度與戰國時代養士的風尚，都有所得分享與避免失業的功能。晚近討論最多的似乎是所謂「普遍基本所得」（universal basic income）計畫，即每人每月由政府付給人均GDP某一比例的津貼，以維持基本生計。不過當前更重要的任務，可能是如何引導人們的熱情回歸資本主義的理想：創造價值，增加就業，賺取利潤。其實這和傳統停滯時代儒家思想中君子的志業，獻身社會，而社會報之以功名利祿，基本上並無不同。

另外一個嚴重的問題是資源耗竭與地球暖化。長期持續的人口與經濟膨脹，大量使用地球四十億年累積貯存的自然資源，侵蝕其他生物生存空間，引起資源耗竭，生態系統失衡。大量燃燒化石能源，釋放溫室氣體，使大氣中二氧化碳（$CO_2$）含量增加，引起地球暖化。雖然由於科技進步，資源使用的效率提高，新發現增加，使資源耗竭的危機趨於緩和，但地球暖化的危機則日益嚴重。此一問題下文將進一步討論。

## 四、儒家倫理的現代經濟使命

二〇一六年十一月九日《聯合報》報導，鴻海董事長郭台銘在參加浙江烏鎮世界互聯網大會，接受媒體訪問時說：「救經濟不能靠西藥，要用中藥。因為西藥只能治標，中藥才能治本。」又說，要採取長期療法，「先埋下成功的種子，成功的基因和DNA」，才能使全球經濟從L型最後成為U型。

郭先生不是經濟學家，但他說得比經濟學家更好。郭先生一語道破當前世界經濟的困境。他所說的西藥其實是需要面經濟學慣用的短期政策，而經濟成長是供給面長期的現象。需要面經濟學主張採用擴張性的財政政策和貨幣政策，使有效需要增加，以促進經濟成長，是假定供給面的潛在GDP隨了技術進步穩定成長，然而當前世界經濟正是在供給面發生基本的問題。供給面的問題要用供給面的方法解決，就是郭先生所說的中藥。假定不斷增加購買可使經濟繼續成長，那麼傳統停滯時代不會等到工業革命出現才結束。

多年來世界主要國家政府採用擴張性財政政策和貨幣政策，擴大需要。如今都債台高築，利率亦降無可降，再無財政政策與貨幣政策可用。結果只是飲鴆止渴，讓世界經濟苟延殘喘，帶病延年。

回到世界經濟根本的問題。亞當・史密斯在《道德情操論》中，認為人的自利之心常受理性和良心的節制，但在《國富論》中鼓吹自利。追求自利而不損及他人的利益，只有創造增加的價值，使社會全體的利益增加。然而由於資本主義把利放在義的前面，緊要關頭棄義而取利，所以各種不同形式的企業弊端和對環境（包括地球和大氣）的傷害就會發生。

## 利誠亂之始也

Rana Foroohar在她的*Makers and Takers*一書中指出，卡特總統鬆綁利率，開啟了金融創新之門，使銀行的功能從貸款（lending）轉向買賣（trading），雷根和柯林頓的政策有利於華爾街的發展，而葛林斯潘（Alan

Greenspan）以來的寬鬆貨幣又掩蓋了經濟的真正問題，以致長期以來依賴接近零的低利使經濟不致重回衰退。所有這些制度和政策使金融部門從傳統媒介儲蓄與生產性投資的角色，轉向追求自己的利潤，使資金從生產性產業轉向金融產業，使美國經濟從創造價值轉向追求利潤。生產事業本身也日愈熱心從金融操作中獲利，而非專注事業本身。蘋果公司有二千億美元存銀行，但過去數年以低利借數十億現金回饋股東，使股價大漲。作者說：政策的轉變，當時看來都有正當的理由，但也有意想不到的後果（unintended consequences）。[16]重大政策必須「戒慎乎其所不睹，恐懼乎其所不聞。」（《中庸》）關注社會長期利益，而不是解決短期問題，以致造成長期更嚴重的問題。

這在現代西方民主政治制度下很難做到。因為四年或數年一任的民選政治領袖，為求競選連任與留下政聲，難以坐視問題在自己任內發生，而會想盡一切辦法將問題拖至後任，終致沉痾難癒，讓群醫束手。

現代成長時代亞當・史密斯的倫理思想，雖然在很多方面和傳統停滯時代我國儒家的思想接近，只因把利放在義的前面，以致產生今天很多難以解決的問題。真是「失之毫釐，差以千里。」司馬遷在《史記・孟子荀卿列傳》有下面一段話：

余讀孟子書，至梁惠王問「何以利吾國？」，未嘗不廢書而嘆也，曰：嗟乎！利誠亂之始也。夫子罕言利者，常防其原也。故曰：「放於利而行，多怨。」自天子至於庶人，好利之弊何以異哉！

要想從根本上解決問題，必須回歸中國儒家的價值觀，將義放在利的前面。人在品德和學識上富有，有超越物質的目標，才會在財富上淡泊。

## 企業經營的倫理

西方企業經營的核心倫理是史密斯意義的公平，公平是不傷及別人的利益，已見前述。儒家倫理貫注於明清以來的儒商經營是忠、義、誠、信。中國人奉關羽為財神，也是因為他一生行為的表現是忠、義、誠、信。忠是忠心不貳，盡心盡力，「受人之託，忠人之事。」曾子曰：「為人謀而不忠乎？」企業經營必須對股東忠心，也對國家忠心，甚至負起無限責任，不像現代西方的有限責任股份公司。義是對員工負起照顧的責任，也是對社會見義勇為。義是行其當為，做該做的事。在傳統中國人的觀念中，該做的事常超過本身的義務。誠、信是對顧客和社會的態度。誠是表裏如一，不欺人，也不自欺；信是說到做到，可以信賴，表現為傳統商人的「貨真價實」，「童叟無欺」。

我們如把忠、義、誠、信和史密斯的公平相比：對股東不忠，使他們應得的利益受到損失，是不公平；對員工不義，剝削他們應得的利益，也是不公平；對顧客失去誠、信，讓他們受到欺騙，同樣是不公平。總之忠、義、誠、信，無非公平。然而儒者最期許的情懷「仁」，則是西方以利為先的企業倫理所沒有的。孔子曰：「仁者愛人。」仁是人的善良之心的實現，所以企業經營的事業必須對人類的生存發展有貢獻，而不是只對自己有利。

現代成長時代的西方文化，追求自利，放縱物欲，擴充個人的權利和自由。科技不斷進步，解除大自然給我們的限制；經濟不斷成長，解除物質給我們的限制；政治民主、社會多元，解除制度給我們的限制。我們膨脹自我，無所畏懼，不思節制，終將造成各種自然、經濟與社會的災害，反過來傷害我們。

人需要一點物質才能生存，物質富裕使生活愉悅。我們支配的資源增加，選擇的範圍擴大，可以享受的自由隨之增加。然而人生幸福不是全靠財富。史密斯說：「說到肉體的安逸和心靈的平安，社會上不同階層的人大致一樣。那個在馬路旁曬太陽的乞丐所享受的安全，王者們要打仗才能得到。」[17]人的欲望無窮，我們對任何事物的欲望都隨其邊際效用（marginal utility）的遞減而下降，最後下降為零。然而新的欲望又升起。

曹操說：「人苦於不知足，既得隴，復望蜀。」秦始皇統一天下，又想長生不老，結果五十歲就死了。個人的自由應以不妨礙他人的自由為疆界。約翰・穆勒（John S. Mill）的*On Liberty*，嚴復譯作《群我權界論》。

如果每個人都膨脹自己的自由和權利，使社會的秩序大亂，結果每個人的自由和權利都減少。所以人要在秩序中、在規矩中找尋自由和權利。孔子「七十而從心所欲不踰矩。」我們生活在現代成長時代，享受了很多物質的富裕和行動的自由，現在規矩一天一天放寬，秩序一天一天紊亂，災難也就一天一天接近了。

## 重建社會誘因制度

個人理想需要結合社會制度，使個人追求各自的目的，結果達成社會全體的利益。孔子的倫理需要禮制支援。「禮壞樂崩」，天下隨之大亂。史密斯自利和公益一致的理論需要市場機制配合。如今市場機制只引導我們追逐金錢利得而不顧社會公義，現代成長終將難以為繼。

為了社會的和諧安定與永續發展，我們需要重建社會誘因制度；建立一個個人與社會共存共榮的體系。一七三頁的圖是將傳統停滯時代司馬遷的禮制，與現代成長時代上個世紀九〇年代的社會資本（social capital）加以結合。在司馬遷的《史記．禮書》中，「誘進以仁義，束縛以刑罰。故德厚者位尊，祿重者寵榮。」仁義和德厚是倫理價值（ethical value, Et），祿重是經濟價值（economic value, Ec），位尊和寵榮是社會價值（social value, So）。在傳統停滯時代，俸祿是農業生產以外最重要的財富或所得來源。刑罰則代表社會規範（social norms, Sn）。什麼是價值？價值就是人生所追求的終極目的（ultimate ends），目的達成感到滿足，滿足產生「效用」，效用產生「價值」。價值是一切幸福的來源。人的行為受價值的誘導，規範的約束。價值和規範的運作需有實施的機制（enforcement mechanism），而實施機制依附於各種組織之中。

圖中的五個層級，最下面三個：價值和規範、實施機制、各種組織就是我們平常所說的制度（institutions）。廣義的制度並包括個人行為在內。全圖就是一國文化的表現。

假設人生的幸福（happiness）總值為H，則人生幸福方程式可寫成下式：

## 重建社會誘因制度——社會資本

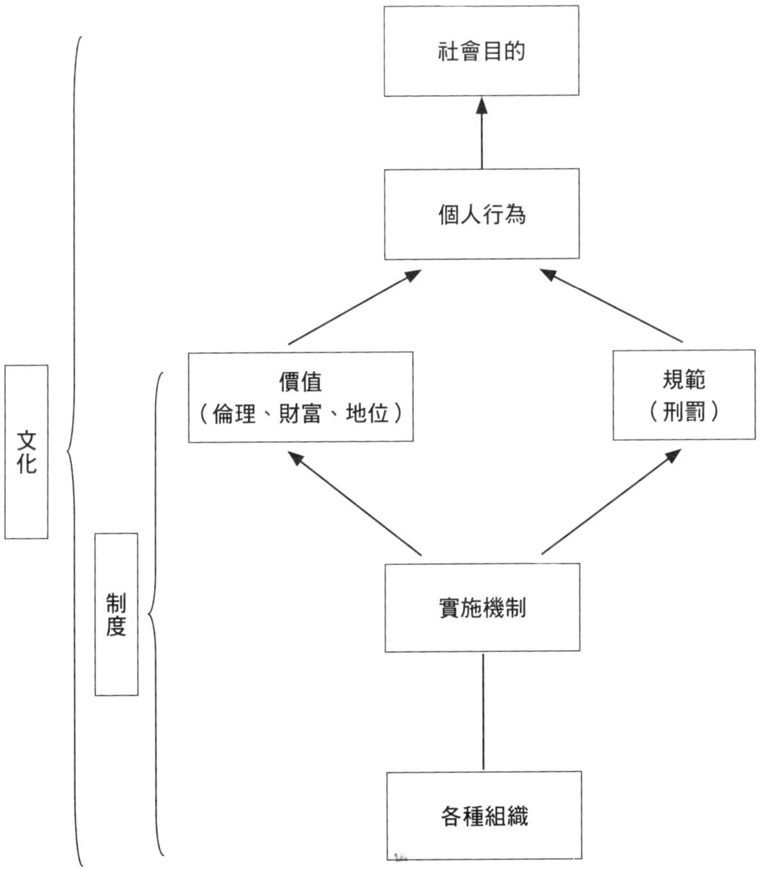

$$H = F(Et, Ec, So, Sn)$$

其最簡單的形式可寫成：

$$H = aEt + bEc + cSo - dSn$$

其中 $a+b+c-d=1$

不同的人賦予a、b、c、d不同的權數，形成個人不同的價值觀。社會通過其教化機制、誘因制度，形塑社會共同的價值傾向。我國傳統停滯時代，儒家重視倫理，賦予a較高的權數；法家重視規範，賦予d較高的權數。現代成長時代資本主義重視所得與財富，賦予b較高的權數。

儒家和史密斯也都重視社會價值。不過儒家所重視的是「修己以安百姓」，為的是服務社會，實現自我，高官厚祿只是附隨的酬謝。所以孟子說「古之人，修其天爵而人爵從之。」

史密斯所重視的則是社會地位、名聲和影響力帶來的悅愉。二者是非常不同的。嚴格說，倫理價值、經濟價值和社會價值都不是獨立變數。史密斯說，我們需要一點財富才能維持地位。在現實社會中，財富可以取得地位，地位也有助於財富取得。司馬遷甚至很感慨的說：「淵深而魚生之，山深而獸往之，人富而仁義附焉。」（《史記・貨殖列傳》）。

更完整的幸福方程式應加一精神價值（Spiritual value, Sp），超然物外，不受功名利祿的牽絆，如蘇東坡的生活態度。

## 回到創造社會大利以賺取私人小利的理想

傳統社會的組織主要為家庭和政府，各掌握若干資源，有一定權威，分配價值，實施規範，影響社會分子的選擇和行為。現代社會主要的不同在於隨了經濟進步結構日愈複雜，中間組織增加。經濟愈先進，分工愈細密，中間組織愈龐大，其中最重要的就是工商業。現代國家大致有百分之七十以上的工作人口在工商業就業，在工商業學習、成長、賺取所得、取得社會地位、成就理想、實現自我。工商業擁有的資源最多，社會影響力也最大。家庭與政府的地位則相對降低。

傳統的大家庭肩負著分享所得、維持生計、養老撫幼，教育子女、傳遞文化的重大責任，現代小家庭的社會功能則逐漸式微。政府的權威今非昔比，國家的教育系統也日愈放棄倫理而只重視知識和技藝。然而企業為求永續經營，必須遵守一定的倫理。我們如能以仁、義、忠、誠、信五德，健全企業倫理，使企業重回創造社會大利、賺取私人小利的理想，則不但可以幫助當前世界經濟走出困局，也可以在經濟的持續成長中，維持社會的和諧與安定，讓全民的福祉達到最大。

（本章是二〇一六年十二月八日，我在北京大學高等人文研究院信義講座的演講，講稿發表於北京《中國文化》四十五期，二〇一七年春季號，頁一～十二；經再加修訂。）

1 孫震、丁連茂、陳麗華等著，《儒家思想的現代使命——永續發展的智慧》，台北市，臺大出版中心，二〇一六年，頁一二七～一三〇。

2 王連茂、陳麗華著，《中華海洋文化的縮影：泉州海外交通史博物館》，北京，中華大百科全書出版社，一九九九年。

3 Adam Smith，*An Inquiry into the Nature and Causes of the Wealth of Nations*，Indianapolis, Indiana, Liberty Classics edition, 1981 (original 1776) pp.89, 208&255。

4 Lawrence J. Lau, *The China-US Trade War and Future Economic Relations*, The Chinese University Press, Hong Kong, 2019, p.06。

5 同註3，頁四五五～四五六。

6 Adam Smith, *The Theory of Moral Sentiments*, Penguin Group, New York, 2009, p.215。

7 同註6，頁一五九。

8 二〇一二年之世界經濟總產值為美元七十兆五千七百一十億，人口為七十億四千六百萬，人均國民所得為美元一萬二千零一十五，世銀，World Development Report，二〇一四年，頁二九七。

9 IMF, World Economic Outlook, April 2006, Chapter Ⅲ，*How Has Globalization Affected Inflation?* pp. 97-134。

10 The *Economist*, September 24, 2016, p.18。

11 孫震，《世界經濟走向何方》，台北，臺大出版中心，二〇一三年，頁二七～五四，第二章，〈全球經濟失衡的隱憂〉。

12 世銀，International Debt Statistics, 2015, pp.14-15 &21。

13 *Time*, February 22-29, 2016, pp.74-75。

14 《聯合報》，二〇一六年十月七日，A14版。

15 轉引自朱雲漢院士二〇一六年九月二十五日在台北市國家圖書館的演講，〈在巨變時代挑戰中如何重建台灣新優勢〉。

16 轉引自*Time*, May 23, 2016, pp.22-28。

17 同註3，頁二一五。

# 第四章 社會和諧與經濟進步——儒家思想與世界永續發展

傳統時代技術停滯，
資源匱乏，人民懂得學習節制。
現代成長擴大了資源的供應，
也鼓舞了我們的貪婪之心。
然而資源有時而窮，
大自然也非無限。
個人追求財富，國家追求經濟成長，
貪得無饜，
一步一步走向難以持續的邊緣。
此時，正待有識之士向傳統的儒家思想尋求解方。

## 一、從傳統社會到現代社會

我在本書中根據顧志耐的觀察，將世界經濟發展分為傳統停滯時代與現代成長時代兩個階段。其間的區別在於有沒有持續不斷的技術進步。傳統停滯時代並非沒有技術進步，而是沒有持續不斷的技術進步。偶發一次性的技術進步，使勞動生產力提高，總產值、人均產值和人均所得增加。人均所得增加使生活改善，人口增加；人均所得重回原來的水準。

工業革命帶領世界進入現代成長時代。技術持續進步，使勞動生產力不斷提高，總產值不斷增加，抵消人口增加，使人均產值與人均所得不斷增加。本章所謂傳統社會是指傳統停滯時代的社會，現代社會是指現代成長時代的社會。

「成長」一詞譯自英文grow或growth，是生物學上的概念，反映經濟成長理論觀察與分析的內容，雖然是勞動生產力、人均產值與人均所得的變化，但其背後尚涉及複雜的社會與文化現象，猶如一切動物和植物的生長，不只是長大和長高，還有內部複雜的變化。上個世紀初英國新古典經濟學大師馬夏爾（Alfred Marshall）在他的《經濟學原理》（*Principles of Economics*）第八版序文中說：

> 經濟學者的聖地是經濟生物學（economic biology），而非經濟動力學（economic dynamics）。但生物學的概念比機械學的概念更複雜……。[1]

## 二、儒家倫理及其社會支援體系

孔子所處的時代，屬於二千五百多年前我國傳統停滯時代。由於經濟停滯，個人追求財富不會使社會的財富增加，全民的福祉來自社會的和諧與安定。

孔子的核心思想是一套「倫理優先」的價值觀。他鼓勵弟子進德修業，實踐倫理，成就完美的人格，然後獻身社會，促進社會的和諧與安定。用孔子自己的話說，就是「修己以敬」、「修己以安人」、「修己以安百姓」《論語．憲問》。

「倫理」是人與人之間應維持的關係，這種關係產生於人的同情與關愛之心。倫理的實踐是道德，所以倫理與道德二詞常可交換使用，倫理就是道德，道德無非倫理。道德表現在行為之中為品德，具有品德之人是君子。

十七世紀英國的哲學家霍布斯認為，倫理是人經由「自然理性」（natural reason）而產生的一些共同原則，他稱之為「自然法則」（natural laws）。洪荒時期沒有道德的節制，也沒有法律的約束，人與人各為自己的利益而爭，彼此為敵，雖然每個人都有最大的自由，可以為所欲為，然而每個人都隨時面臨重大危機，提心吊膽過日子。在這種危機四伏的自然狀態（the state of nature）下，所有具有理性的人都會願意接受若干共同的原則，各自節制自己的行為。雖然每個人的自由都會受到若干限制，然而一般而言，每個人都會得到更大的自由。社會因此得到和諧與安定，使生產力提高，生活富裕，也豐富了生命的意義。霍布斯所謂經由「自然理性」產生的「自然法則」或「自然律」就是倫理。

霍布斯的倫理論從人性自利出發。他認為自利是行為的驅動力；不過自利有其限制，沒有限制的自利不符合個人的利益。所以霍布斯主張的自利可稱為開明的「自利」（enlightened self-interest）。[2]

如果倫理出於愛心也就是人的利他之心，則倫理是人性的「固有價值」（intrinsic value），也是人生追求的「終極目的」（ultimate end）。如果倫理出於人性的自利，縱然是開明的自利，則當利益不存在甚至變為不利時，倫理也難以受到尊重。這正是中國傳統文化和西方現代文化最根本的不同之處。孔子在《論語・為政》說：「道之以政，齊之以刑，民免而無恥；道之以德，齊之以禮，有恥且格。」以政令宣導，以法律整肅，儘管人民為了免於刑戮而遵從政令，但也可能違背原則，喪失廉恥之心。若以道德引導，以禮制約束，則人民維持了人格的尊嚴，也知道辨別是非，明白做人的正途。

在我國傳統文化中，倫理是責任和義務的承擔，而非權利和利益的爭取，但在長期中所有人的權利和利益，都會得到合理的平衡。如果由於社會制度的扭曲，以致人民的權利和利益長期失去平衡，社會的和諧與安定也就難以維持。所以倫理需要社會制度的支持。

## 儒家倫理的特殊主義與一般主義

儒家倫理以家庭為中心，由近而遠，向外擴充，及於識與不識的社會大眾。南宋的大儒朱熹更將其擴充到宇宙萬物。朱子說：「仁者以天地萬物為一體，莫非己也。」[3]

子曰：「弟子入則孝，出則弟，謹而信，汎愛眾，而親仁；行有餘力，則以學文。」（《論語・學而》）

年輕人在家應孝順父母，出外應尊敬兄長，行為應謹慎，說話要負責任，對所有的人都要有愛心，但要親近品德高尚之人；這些都做到了仍有餘力，再去學習文章才藝之學。

孔子這段話有兩點重要的意義。第一，**倫理重於才識**，實踐倫理行有餘力再去學習才藝。第二，**倫理是有層次的**，我們對所有的人都要有愛心，也有一些基本的義務，就是我們的行為要謹慎，說了話要算數，不可造成對人的傷害，但對家人親友則有更多的義務。這就像亞當・史密斯的三美德：「審慎」是照顧自己的利益，「公平」是不傷害別人的利益，「仁慈」是增加別人的利益。

為什麼對家人和親友有更多義務？

有子曰：「其為人也孝弟，而好犯上者，鮮矣；不好犯上而好作亂者，未之有也。君子務本，本立而道生。孝弟也者，其為仁之本與？」（《論語・學而》）

有子就是有若，孔子弟子，少孔子十三歲，是孔子弟子中比較年長的一代。他的這段話涉及儒家倫理的特殊部分和一般部分。特殊部分是家人，一般部分是眾人，也可以說是儒家倫理的「特殊主義」（particularism）和「一般主義」（universalism）。家人除了生物意義的自然親情外，還有社會結構、家庭組織所產生的恩義、情義和各種互惠的關係。家庭是社會的基礎，而照顧家人是倫理的基本義務，古今中外全世界都一樣。這和我們對一般眾人的愛心和關懷是不一樣的。一個孝順父母、尊敬兄長的人，很少會忤逆長官和長輩，一個不會忤逆長官和長輩的人，怎麼會造反做亂呢？所以有子認為孝弟雖然是家人之愛，但也是一切愛心也就是仁的根本。

關於倫理的特殊主義和一般主義，孟子有一段話說得好：

> 楊氏為我，是無君也；墨氏兼愛，是無父也；無父無君，是禽獸也。（《孟子．滕文公》）

楊朱只關心和照顧自己的利益，是沒有國家和社會觀念，墨翟兼愛天下，是沒有家庭觀念；一個沒有國家、社會觀念和沒有家庭觀念的人就像禽獸一樣。

說到仁，仁是儒家思想最核心的元素；也可以說是核心中的核心。但是仁的概念非常複雜，弟子每次問仁，孔子都給予不同的答覆。

樊遲問仁。子曰：「愛人。」（《論語．顏淵》）

仁最單純、最一般化的意義就是愛人。

子曰：「仁遠乎哉？我欲仁，斯仁至矣。」（《論語．述而》）

仁離我們遠嗎？只要心裏想到仁，仁就到了。

子張問仁。子曰：「能行五者於天下，為仁矣。」請問之。曰：「恭、寬、信、敏、惠。恭則不侮，寬則得眾，信則人任焉，敏則有

功，惠則足以使人。」（《論語．陽貨》）

子張是孔子弟子。子張問怎麼樣才能做到仁，或者實現仁。孔子的答覆是仁的實踐需要一些輔助的條件，就是恭、寬、信、敏、惠。恭是尊敬；對人謙恭有禮，別人就不會對我們冒犯。寬是寬大厚道；對人寬厚才能得到眾人的愛戴。信是負責任，說了話算數；負責任，說到做到，別人才會相信我們，交付我們任務。敏是做事勤快；敏捷勤快才能成就事功。惠是給人好處；予人恩惠，人家才會聽我們指使。

仁從起心動念，到見諸實踐，到產生效果，有不同程度之仁和不同範圍之仁。仁的充分實現需要很多主觀和客觀的條件。然而基本上就是成就他人的利益。所以管仲的為人雖然有不少瑕疵，但是因為輔佐齊桓公維護天下的和平與安定，不使人民的生命財產遭受損失，所以孔子稱許其仁。[4]

子貢曰：「如有博施於民而能濟眾，何如？可謂仁乎？」子曰：

「何事於仁？必也聖乎。堯舜其猶病諸。」（《論語・雍也》）

一個人對人民如果有廣大的恩惠，讓眾人都得到利益，則不但做到仁，而且進入聖的境界了。

## 禮是社會的誘因制度

關於仁的客觀條件，任何社會、任何時代，倫理的實踐都不能只要求個人的美德，還需要有健全的社會制度，獎善懲惡，引導與約束社會分子的行為。這個倫理的社會誘因制度或支援體系，在孔子時代就是禮。

關於倫理和禮之間的關係，《論語》中有一段很好的比喻：

子夏問曰：「巧笑倩兮，美目盼兮，素以為絢兮。何謂也？」子曰：「繪事後素。」曰：「禮後乎？」子曰：「起予者商也，始可與言詩已矣。」（《論語・八佾》）

子夏問孔子：「倩俏的笑靨動人心弦，明亮的眼睛如波光流轉，潔淨的素顏綻放出燦爛的光彩。《詩》裏面的這一段話是什麼意思呢？」孔子說：「就像繪畫一樣，先要有素底，然後添加顏色。」子夏立刻省悟說：「那麼禮是在後的嗎？」孔子聽了很高興，說：「啟發我的人是商呀！現在開始可以和你談《詩》了。」子夏一語道破倫理和禮的關係，這一層孔子以前可能尚未想到，所以才會說「起予者商也」。這樣的學生怎不令老師欣慰讚賞呢！禮在什麼之後？在仁之後，在倫理之後。

子曰：「人而不仁如禮何？人而不仁如樂何？」（《論語・八佾》）

禮既然是社會制度，所以必須隨社會變遷改變。司馬遷說：

洋洋美德乎！宰制萬物，役使群眾，豈人力也哉？余至大行禮官，觀三代損益，乃知緣人情而制禮，依人性而作儀，其所由來尚

矣。（《史記・禮書》）

簡單的說，禮就是社會紀律。司馬光說：

天子之職莫大於禮，禮莫大於分，分莫大於名。何謂禮？紀綱是也。何謂分？君臣是也。何謂名？公、侯、卿、大夫是也。夫以四海之廣，兆民之眾，受制於一人，雖有絕倫之力，高世之智，莫敢不奔走而服役者，豈非以禮為之紀綱哉？是故天子統三公，三公率諸侯，諸侯制卿大夫，卿大夫治士庶人。貴以臨賤，賤以承貴。上之使下，猶心腹之運手足，根本之制支葉；下之事上，猶手足之衛心腹，支葉之庇本根。然後能上下相保而國家治安。故曰天子之職莫大於禮也。（《資治通鑑・周紀一》）

司馬光說的是周初封建王朝的體制，社會結構簡單，由天子發號施令，分配資源，維持天下的和諧與安定。到了東周春秋時期，天子的權威式微，齊桓公、晉文公……等國力強大的諸侯，也就是所謂五霸，出而代行天子的職權，維護天下的秩序與和平。

孔子說：

天下有道，則禮樂征伐自天子出；天下無道，則禮樂征伐自諸侯出。自諸侯出，蓋十世希不失矣；自大夫出，五世希不失矣；陪臣執國命，三世希不失矣。天下有道，則政不在大夫。天下有道，則庶人不議。」（《論語．季氏》）

天下的政治制度如果健全，則禮樂征伐等國之大事由天子執掌；天下的政治制度如果不健全，則禮樂征伐等大事由諸侯執掌。國之大事由諸侯執掌，很少經過十個世代（generation）仍不喪失政權的。進入戰國時期，群雄並起，互相攻伐，天下大亂。東漢的大儒鄭玄說：

五霸之末，上無天子，下無方伯，善者誰賞，惡者誰罰，紀綱絕

矣！（〈詩譜序〉）

「方伯」是一方諸侯之長，說的就是「五霸」。

漢初重建禮制，司馬遷在《史記．禮書》說：「人道經緯萬端，規矩無所不貫。誘進以仁義，束縛以刑罰。故德厚者位尊，祿重者寵榮，所以總一海內而整齊萬民也。」人的思想和行為受各種因素影響，非常複雜，然而不論多麼複雜都有一定規矩貫穿其中。社會以仁義加以誘導，以刑罰加以束縛。讓品德好的人得到高貴的地位，俸祿多的人得到尊崇和榮耀。這樣的安排就是為了綜合海內所有的資源，聚集個別人民的努力，達到社會全體的目的，也就是增進全民的福祉。司馬遷簡單的幾句話，道盡一國安定與進步的基本原則，就是設計一種社會誘因制度，引導社會上每個人努力追求自己的目標，結果達到社會安定與進步的目的。司馬遷將仁義道德置於功名利祿之前，正是將孔子倫理優先的思想加以發揮。

廣義的禮包括儀式、規矩和制度三部分。儀式是用以彰顯倫理的形式；規矩是維持倫理的分際，讓社會分子各自扮演好自己的社會角色；而規矩有賴制度的支持。孔子說：

> 丘聞之，民之所由生，禮為大。非禮無以節事天地之神也。非禮無以辨君臣、上下、長幼之位也。非禮無以別男女、父子、兄弟之親，昏姻疏數之交也。君子以此之為尊敬然。（《禮紀．哀公問》）

人民能不能安居樂業好好過日子，禮的關係很大。禮告訴我們如何以適當的儀式祭拜天地之神，禮幫助我們辨識君臣、上下、長幼的地位，禮幫助我們分別夫妻、父子、兄弟之間的親情，以及婚姻關係、親朋好友、親疏遠近之間的交誼。君子因此對禮非常重視。這是孔子周遊列國晚年回到魯國，魯哀公問禮，孔子對他的回答。君臣、上下、長幼、夫妻、兄弟、婚姻、疏數都是司馬光所說的「分」，社會分子明辨倫理的分際，各自扮演好自己的社會角色，就是國治民安的基礎。這就是倫理和禮的重大社會功能。所以齊景公向孔子請教治國之道，孔子告訴他「君君、臣臣、父父、子子」，齊景公聽了說：「善哉！信如君不君，臣不臣，父不父，子不子，雖有粟，吾得而食諸。」（《論語・顏淵》）如果大家都不安其分，天下大亂，雖然有糧食，還有我吃的嗎？

## 三、現代成長時代的經濟、社會與人際關係

進入現代成長時代，全民的福祉不僅來自社會的和諧和安定，也來自經濟成長、人均所得增加；所得大於消費產生蓄儲，蓄儲累積而為財富。人性追求所得與財富的自利之心受到鼓勵。史密斯說，自利既然是人性不可改變的部分，明智的做法就是利用「私人誘因」（personal incentive），建立一個更富有的社會。

史密斯不擔心追求自利會造成傷害。他說人的自利之心雖然強烈，但是常受「理性、原則和良心」（reason, principle, conscience）的約束。他

並認為自由競爭會使個人追求自利的行為受到節制，不致造成對別人的傷害。因此每個人只需追求自己的利益，不必擔心別人的利益受到傷害。史密斯說：

我們得到晚餐，不是由於屠宰商、釀酒者和麵包師傅的仁慈，而是由於他們認為對他們有利。我們要訴諸他們之所好，而不是他們的恩惠。永遠不要告訴他們我們多麼需要，只告訴他們對他們有多少好處。[5]

這不是消費者在市場上常用的技巧嗎？

## 經濟成長與都市化

現代成長時代技術不斷進步，使勞動生產力不斷提高，生產同樣數量農產品所需要的人力減少，人口從農村流向都市，形成都市化（urbanization）。多餘人力支持工商業、各種專業與服務業的發展，使產業結構改變，社會結構改變，人際關係也隨之改變。世界銀行二〇〇三年的《世界發展報告》中有下面一段話：

過去一百五十年最重要的社會經濟與文化變化，就是從閉塞、排外、守舊的農村社會，轉變為開放、包容、創新的城市社會。[6]

這段話有一段重要腳註：

人口從農村移居城市經歷四個階段，即不同背景的人一起來到城市之初的「成形期」（forming），他們的觀念彼此衝突的風暴期（storming），這些觀念不斷演進漸為眾人接受的規範期（norming），以及建設行為代替破壞行為的成就期（performing）。經過這四個階段的演進，使城市成為多元價值匯集、共同發展出包容性文化的中心所在，順應不同的觀念與看法，為各個不同次級社群，提供專業揮灑與創新的空間。[7]

技術持續進步使生產力不斷提高，人均所得不斷增加，人民脫離貧窮，從物欲滿足中得享塵世的快樂（worldly pleasure），進而超越物質，追求更多自主和自由。現代成長使人生態度從消極默從轉變為積極進取，從集體主義轉變為個人主義，從曲己從人，達成群體的任務，轉變為伸張自我，追逐個人的目的。社會秩序日愈不容易維持，因此自我節制與社會對倫理的要求，也更加重要。

人口隨工作移動，傳統的大家庭消失，只有夫妻、子女，甚至無子女的小家庭興起。教育平等，婦女受教育的機會增加，工作能力提高，進入職場，追求自己的理想。所得增加，生活水準提高，生育減少，健康狀況改善，青春永駐，壽命延長，白首偕老的婚姻日愈不容易維持。離婚增加，再婚甚至多次婚姻漸為社會接受，成為常見的現象。傳統的家庭功能式微，日愈失去教育子女，傳遞文化，分享資源，失業救濟與保障老年生活的社會功能。

家族、親戚與鄉里的關係趨於淡薄，朋友、職場與一般的社會關係日愈重要。

## 文明愈發達，親情愈疏遠

亞當．史密斯認為，除了自己，我們最關心的是自己的家人，包括父母、子女、兄弟和姐妹，不過關心的程度不同。我們對子女的關心勝過對父母的關心；我們對子女疼愛的無微不至，也不是對父母的尊敬和感激可比。這是人的天性使然。自然的情勢是，幼兒來到世上以後的生存全賴父母照顧，但父母的生存並非全靠子女。在自然眼中，兒童比老人更重要，也更引起人們的關心。事實亦應如此，因為未來一切要靠兒童，很少要靠老人。我們和兄弟姐妹之間的關係是基於早期共同生活所建立起來的情誼。我們和兄弟姐妹的子女以及堂、表兄弟姐妹的關係更遠了一層。

史密斯認為，父子兄弟之間的親情，只是習慣性的同情或感應，由於同住在一個屋簷下而產生，如子女遠離、兄弟分散，情感亦隨之淡薄。史密斯不相信自然或血緣的親情，他認為這只有在戲劇中才出現。

史密斯說，在法規制度不足以周全保護人民安全和利益的農牧社會，同一家族的人傾向於聚居一處，以建立對外的共同防禦。他們互相依靠，彼此的交往多於和其他族群的交往。同一族群的成員，不論多麼疏遠，也主張一定的關係，希望獲得與眾不同的對待。進入現代商業社會，法規制度周全，足以保護所有人的利益，同一家族的人隨了利之所在與興之所至散諸四方。用不了多久，彼此不僅失去關懷，也不記得原屬同一來源及其祖先之間的關係。史密斯說，文明愈發達，家族的關係愈疏遠。蘇格蘭文明的程度已經很發達，但親情在英格蘭比在蘇格蘭疏遠。[8]

## 四、台灣經濟發展過程中的倫理關懷

一九八一年三月十五日台灣前經濟部長、財政部長，素有台灣經濟建設的「建築師」和科技產業發展的「科技教父」李國鼎，應邀在中國社會學社年會演說。有感於台灣在經濟發展的過程中，個人過分熱心追求自己的利益，以致損及他人的利益，特別是和我們沒有特定關係的陌生者和一般大眾的利益，李國鼎在演說中提出「第六倫」的概念。第六倫當然是相對於五倫——也就是父子、兄弟、夫妻、君臣和朋友而言，指五倫以外，個人與無特定關係的陌生者以及一般大眾之間的倫理。

## 李國鼎提出的「第六倫」

李國鼎說，我們雖然自認為是禮儀之邦，但是我們所重視的禮儀往往只適用於和我們有特定關係的對象之間，而不是對所有識與不識的人都一樣。他並且說了兩個故事為例。一個故事說，一個外國人在台北市坐計程車，對司機說：你們中國人一向自稱禮儀之邦，走路不肯走前面，吃飯不肯坐上席，為什麼你開車一點都不禮讓？司機理直氣壯的說：我又不認識他們，為什麼要禮讓？另外一個故事說，一個父親罵兒子，你為什麼偷人家的鉛筆？爸爸從公司拿那麼多回來還不夠你用嗎？

有位外國人在台灣居住多年，離開的時候，朋友問他如何用一句話說明台灣的社會。他說：「有關係就沒有關係，沒有關係就有關係。」

五倫和第六倫的性質有一點基本的不同。五倫之間有確定的互惠關係，也有一定的權利和義務，例如：父慈子孝，兄友弟恭，夫妻有義，朋友有信，以及君使臣以禮，臣事君以忠等。各種關係都有重要的社會功能，社會也自然形成監督的機制，對違反這種關係的人施加一定的壓力。然而第六倫的關係隱匿而不確定，個人傷害到不認識的人和不知是誰、也不知在何處的社會大眾，較少罪惡感，而且傷害分散，因此較不關心。甚至為了自己的利益或者與自己有特定關係者的利益，全然無視和自己無特定關係者的利益。因此我們看到交通秩序混亂，以及貪汙、舞弊與各種對公共利益的侵害。個人追求自己的利益，不能像亞當・史密斯所說達成社會全體的利益，正是因為缺少第六倫之故。

李國鼎提出第六倫後引起社會熱烈的響應。有人進一步提出人與環境以及與大自然之間的關係，稱之為「第七倫」。

李國鼎看到社會反應熱烈，又於同月二十八日在《聯合報》發表專文，題目是〈經濟發展與倫理建設——國家現代化過程中群己關係的建立〉，對他所主張的第六倫加以闡述。他稱五倫為「特殊主義關係」，第六倫為「一般主義關係」。特別關係倫理屬於私德的範圍，一般關係倫理屬於公德的範圍。經濟發展帶動社會變遷，改變人際關係，五倫之間的關係日漸疏遠，第六倫之間的關係日漸密切。加以技術進步，個人的生產力提高，經濟活動對社會和環境造成的影響力擴大，因此第六倫日愈重要。他感歎很多人貪圖私利，不顧公義，傷害和我們無特定關係者的利益，既不感到良心的責備，社會也少給予應得的懲罰，以致公德敗壞，使台灣成為幾乎「無規範」（normless）的社會。他說：「一個國家不可能有落後的國民而長期保有進步的經濟。」

他呼籲社會大眾對公共財物應廉潔，對公共環境應愛護，對公共秩序應遵守，對不確知為誰的第三者的權益應尊重，對陌生人應公平。

李國鼎的專文發表後得到社會普遍的認同，後來並選入高級職業學校的國文課本之中。不過也有學者提出不同的意見，認為所謂第六倫已包含在儒家的倫理之中。其實李國鼎所說的是當時台灣社會現實的現象，而學者所說的是儒家思想中的倫理。欠缺制度的支持讓現實和理想發生差距，正如史密斯所說的農牧社會和現代商業社會人際關係的不同。

## 中華民國群我倫理促進會

一九九一年李國鼎在企業界和學術界一些朋友的支持下，成立「中華民國群我倫理促進會」，當選首任理事長，積極推動他所提倡的第六倫。「群我」是他在專文中所稱「群己」的通俗說法，群我倫理英譯social ethics，就是第六倫。不過嚴格說群我倫理的字面意義只包括個人與群體之間的關係，未包括個人與個別陌生者之間的關係。

群我倫理促進會設計了各種活動，包括音樂會、演講會、電視節目和出版專書，並且製作了歌曲和標誌，希望將第六倫「推我心，愛別人」的「推愛」觀念，也就是孔子所說的「汎愛眾」的理想深植人心，讓大家躬行踐履，建立一個個人私利與社會公益一致的和諧社會。

然而技術與經濟進步快速，社會與文化變化則是一個漫長的過程。李國鼎晚年看到台灣政府與社會的亂象，感到失望，對推動第六倫意興闌珊。他有一次說：「現在五倫都沒有了，還談什麼第六倫！」

五倫屬於特殊關係倫理，第六倫屬於一般關係倫理，隨了經濟發展，社會從傳統停滯時代進入現代成長時代，特殊關係日漸疏遠，一般關係日漸密切，乃是必然的趨勢。而且不僅第六倫，李國鼎時代尚未特別強調的第七倫也日愈重要。

不論五倫、第六倫或第七倫，倫理需有社會誘因、或者得到社會制度的支持，才會普遍見諸實踐。因為人際關係涉及自己利益和他人利益之間或有的衝突，利益愈大，關心的程度愈深。節制自己的利己之心，除了需要個人品德的堅持，也需要社會的鼓勵和約束。第六倫和第七倫不彰，不僅是個人倫理的問題，也是社會法規制度未臻健全的問題。這是從傳統社會進入現代社會重要的關鍵。

## 台灣社會信任調查

二〇〇一年群我倫理促進會辦理第一次「台灣社會信任調查」，據以觀察社會對不同社會角色信任的程度。二〇〇二年辦理第二次，其後每兩年辦理一次，希望從社會對不同角色信任的變化中，發現人際關係的改變，第六倫被重視的程度，以及支持第六倫的社會因素。下表為二〇〇一年、二〇〇二年及其後每兩年，至二〇一七年台灣社會信任之變化。二〇一一年之調查因題項與評分異於其他各次調查，未包括在內。

信任的最高分為五分。社會角色中「社會上大部分的人」代表一般社會大眾。社會對「社會上大部分的人」信任分數的多少，反映其遵守第六倫程度的高低。理論上，從傳統到現代，代表五倫的「家人」信任度應下降，代表第六倫的「社會上大部分的人」信任度應上升。調查結果，「家人」得分一直在四點七以上，高居第一。不過接受調查訪問者想到的家人，已經不是傳統三代同堂甚至更多代家人集居的大家庭，而是只有夫妻

## 台灣社會信任之變化（2001—2017）

| 角色＼年別 | 2017 | 2015 | 2013 | 2008 | 2006 | 2004 | 2002 | 2001 |
|---|---|---|---|---|---|---|---|---|
| 家人 | 4.76 | 4.73 | 4.75 | 4.78 | 4.79 | 4.79 | 4.73 | 4.77 |
| 醫生 | 4.29 | 4.24 | 4.05 | 4.10 | 4.09 | 3.98 | 3.77 | 3.78 |
| 中小學老師 | 4.05 | 4.04 | 4.03 | 3.95 | 4.08 | 3.95 | 3.78 | 3.76 |
| 基層公務員 | 3.70 | 3.64 | 3.55 | —— | —— | 3.49 | 3.13 | —— |
| 警察 | 3.65 | 3.36 | 3.07 | 2.97 | 2.93 | 3.08 | 2.96 | 2.93 |
| 鄰居 | 3.63 | 3.71 | 3.82 | 3.90 | —— | 3.88 | 3.70 | 3.62 |
| 社會上大部分的人 | 3.42 | 3.44 | 3.47 | 3.39 | 3.44 | 3.18 | 2.84 | 2.80 |
| 律師 | 3.15 | 3.13 | 2.90 | 2.99 | 2.95 | —— | —— | 2.84 |
| 企業負責人 | 3.07 | 2.86 | 3.12 | 3.06 | 3.22 | 3.00 | 2.94 | 2.52 |
| 總統 | 3.03 | 2.61 | 2.57 | 3.01 | 2.73 | 3.25 | 3.01 | 3.51 |
| 法官 | 2.55 | 2.81 | 2.50 | 2.88 | 3.06 | 3.23 | 2.85 | 3.05 |
| 民意代表 | 2.44 | 2.40 | 2.32 | 2.24 | 2.12 | 2.25 | 2.21 | 2.29 |
| 政府官員 | 2.43 | 2.29 | 2.27 | 2.49 | 2.45 | 2.64 | 2.28 | 2.63 |
| 新聞記者 | 2.42 | 2.41 | 2.48 | 2.36 | 2.32 | 2.59 | 2.59 | —— |

資料來源：中華民國群我倫理促進會「2017年台灣社會信任」調查結果報告書。

子女甚至只有夫妻二人的小家庭。隨著經濟發展和都市化，人際關係疏離，現代都市人背井離鄉，忙碌而孤寂，家人成為最能信任的對象。

「社會上大部分的人」得分從二〇〇一年的二點八逐年增加到二〇〇六年的三點四四，其後除二〇〇八年略有減少外，都維持在三點四以上；其在各個角色中信任度的排名，也從二〇〇一年十二個角色中的第九名穩定上升到二〇一三年和二〇一五年十四位角色中的第六名，呈現很大的進步，也符合近年外來觀光客對台灣社會和善有禮的觀感。二〇一七年降為第七名，主要因為警察的信任度大幅提升，不過也有相當程度反映蔡英文總統於二〇一六年五月二十日就任，推出種種所謂「改革」，讓很多人的利益受到傷害，引起社會不安，動搖社會信任的基礎。

長期使第六倫提升的社會因素主要為公共部門和工商業或企業界的進步。政府的法規制度日臻健全，讓每個人的權益受到保障，工商業日愈重視企業倫理和企業社會責任，建立誠信不欺、奉獻社會、愛護環境的企業文化，強化了信任的社會基礎，降低信任的成本，為信任提供了有利的誘因。

現代政府的任務，隨著民間知識與能力的增進，漸從管理與領導向服務與支援的方向移動。台灣的「基層公務員」一向受人民信任，二〇一七年從過去的第五名提升為第四名，僅在「家人」、「醫生」和「中小學老師」之後。「警察」的地位也從二〇一三年的第八名和二〇一五年的第七名，二〇一七年躍進為第五名，尚在「鄰居」之前。應是因為台灣近年政治不安定，人民抗議的街頭活動頻煩，警察維持社會治安，紀律良好，工作辛勞，受到人民的肯定。

遺憾的是原應受到人民愛戴的「總統」和「政府官員」，也就是政府高官、部會首長，信任度落後。「政府官員」一向和「民意代表」、「新聞記者」在最後三名中輪流倒數第一，二〇一七年排名倒數第二。「總統」的排名從二〇一五年的倒數第四名，上升為二〇一七年倒數第五名，回到二〇一三年的水平。至於「新聞記者」，台灣ＴＶＢＳ董事長張孝威在他的近著中有下面一段評論：「媒體在民主社會中是極具影響力的第四權，同時肩負社會教育者的任務。但曾幾何時，媒體竟淪為台灣最大的亂源。」9

肩負提升第六倫重責大任的「企業負責人」，得分從二〇〇六年的三點二三至二〇一七年降為三點零七，排名從二〇〇六年十二位角色中的第五名和二〇〇八年的第六名，至二〇一七年降為十四位角色中的第九名，僅領先「總統」一名。其實台灣企業界在追求倫理和企業社會責任方面的努力較之以往有增無減，其在社會信任調查中排名降低，應與社會近年仇富反商的態度有關，十分不利於台灣的經濟發展與社會安定。

## 五、世界經濟發展走向難以持續的邊緣

現代經濟成長為世人帶來前所未有的富裕。然而個人追求財富，國家追求經濟成長，貪得無饜，一步一步走向難以持續的邊緣。

一九七〇年代世界最關心的問題是資源耗竭。這個問題由於科技進

步，使資源使用的效率提高，新資源出現，暫時獲得緩解。不過世界經濟快速成長，人口持續增加，地球數十億年貯積的各種礦藏終將一一枯竭，使未來發展難以為繼。

一九八〇年代世界最關心的問題就是地球暖化。經濟成長、人口增加使世界經濟活動不斷擴大，大量燃燒化石能源，釋放溫室氣體，使大氣中二氧化碳的含量增加，地球氣溫上升。過去八十萬年大氣中的二氧化碳含量約為二〇〇～三〇〇ppm，目前已超過四〇〇ppm，使地球均溫較工業革命之初上升一點二度C。預計二〇三六年二氧化碳的含量將達到四五〇ppm，使氣溫較工業革命之初上升二度C。依此發展，二十一世紀末氣溫將上升四點八度C，北極冰溶，海平面上升，若干陸地淪為澤國，氣候異常，生態系統失序，大量物種滅絕，人類面臨生存危機。

節約資源耗用與緩和地球暖化面臨的一個重大問題，是世界各國進入現代成長時代的先後不同，人均所得有很大的差距，世界必須繼續成長才能使低所得國家人民脫貧。二〇〇〇年九月聯合國大會通過「千禧年發展目標」（Millennium Development Goals, MDGs），主要目標就是在一九九〇～二〇一五年期間，將世界赤貧人口佔總人口之比減少一半。根據世界銀行的統計，赤貧人口佔總人口之比一九九〇年為百分之四十三點一，二〇一〇年減至百分之二〇點六，已超前五年達到目標[10]。二〇一五年MDGs成功結束，九月聯合國大會通過二〇一五～二〇三〇年可持續發展目標（Sustainable Development Goals, SDGs），主要目標為結束貧窮與飢餓、阻止氣候變化、保護海洋與照顧地球等，以達到可持續之發展。所謂「可持續之發展」，亦稱「永續發展」，根據一九八七年「世界環境與發展委員會」的定義，是指「滿足現在的需要所需要的經濟進步，不傷害到未來世代滿足他們的需要之能力。」

二〇一五年十二月巴黎氣候峰會，有一百九十五國代表參加，一百四十七國元首出席，一百八十七國提交自主減碳計畫。十二月十二日達成「巴黎協定」，將氣候目標訂為不超過二度C，並朝一點五度C努力。不過二〇一六年十一月二十八日的《時代》雜誌（*Time*）在一篇報導中說，今天排放的二氧化碳，其暖化效應於數十年後才會充分顯現，即使「巴黎協定」所有簽約國都做到其減碳計畫的承諾，二一〇〇年氣溫仍將至少上升二點七度C，超過二度C的紅線。此外，二〇一六年川普（Donald Trump）就任美國總統後，美國退出「巴黎協定」，更使世界減碳努力的成果難以樂觀。

世界的富國必須繼續成長，才能使窮國成長，減少貧窮；而富國內部亦有貧窮人口，需要成長，使其所得與收入增加。世界經濟勢必繼續擴張，即使停止擴張，現在大氣中累積的二氧化碳仍將對地球氣溫持續發生作用。世人的心態正如我們所常說：「不到黃河不死心，不見棺材不流淚。」只怕到時候一切悔之晚矣。

現代經濟成長是技術持續進步使勞動生產力不斷提高，導致人均所得不斷增加的長期供給面現象（a long-run supply side phenomenon）。需要面的政策：採取擴張性的貨幣政策，增加貨幣供給，或擴張性的財政政策，增加政府支出，或減少稅收使人民的可支配所得（disposable income）增加，雖然可使社會的總需要（aggregate demand）增加，引起生產與就業增加，使經濟成長率提高。然而一旦到達充分就業（full employment）的水準，社會的總產值不可能再增加，則只會引起物價膨脹，或對外貿易差額惡化，致使擴張性的需要面政策失去作用。

## 短期需要面政策的流弊

所謂「需要管理理論」或「需要調配理論」（demand management theory），原為凱因斯為說明一九三〇年代初期世界經濟蕭條（depression）所提出的理論。根據此一理論，政府在經濟衰退（recession）時可採取擴張性的貨幣政策或財政政策，擴大社會的總需要以達到充分就業。由於貨幣政策是否會產生希望的效果，尚須看企業界的投資意願，所以他特別傾向於採取財政政策。然而此一為經濟循環（business cycles）而設計的短期政策，如用為促進經濟成長的長期政策，卻隱含很多弊端，猶如飲鴆止渴。

一九七〇年代的自由化（liberalization）讓很多國家減少數量管制，

降低進口關稅，使國際之間的貿易貨暢其流。一九八〇年代中國和印度兩個人口大國相繼開放，繼而蘇聯瓦解，東歐共產體制崩潰，紛紛加入世界市場，世界經濟進入全面全球化時代。全面全球化之下，任何國家的商品價格如上漲，其他國家的商品會源源而來，如水之趨下，使上漲的物價受到抑制。因此一九八〇年代以來，世界之物價膨脹率，也就是一般所說的通貨膨脹率下降，環繞其下降趨勢波動的幅度亦縮小。

商品價格膨脹率降低鼓勵了各國中央銀行放寬貨幣供給。貨幣數量增加而物價不上漲，使利率下降，資產價值上升。過多的貨幣流入資產市場，追逐資產增值的利益，推升資產價格。資產價格上漲產生資本利得（capital gain）吸引更多資金，使資產價格更漲。

資產包括房地產和金融資產，金融資產包括股票和債券，而房地產證券化亦可成為金融資產。一九九〇年代以來的金融制度鬆綁（deregulation），金融機構之種種創新，包括證券化、多種證券多重包裝產生之複雜性結構型金融產品（complex structured finance products）、各種衍生性商品（derivatives）、及金融保險制度，推波助瀾，造成世界投資「基金」之熱潮，終於導致二〇〇八～〇九年之世界金融危機。

世界金融危機後，美國、日本與歐盟紛採量化寬鬆政策，以大量購入債券並釋出貨幣的方式，使貨幣數量增加，導致泛濫的資金越來越多流入資產市場，追逐利潤而不創造價值，推高資產市值。豐厚的收入吸引大量優秀人才進入金融部門，運用金融科技（fintech）、大數據（big data）、人工智慧（AI），窮盡資產市場之利益，將資產之市值推至歷史高峯，讓世人屏息以待，等待下一波金融危機到臨。

技術進步，機器代替勞動，使人力的需要減少。全球化便利已開發國家的資金和技術流入新興市場國家（emerging market economies），而新興國家的產業發展取代一部分已開發國家的就業。這些因素都使國民所得（national income）中資產所得的份額增加，薪資所得的份額減少，也使低端人力的薪資降低，致使所得分配不均惡化。資產價格上漲進一步加深所得與財富分配不均惡化的程度，因為資產主要集中於富人之手，很少為窮人所有。貧富不均的程度日趨惡化，動搖社會穩定的基礎。

全球化便利了資金在國際間的流動，讓很多國家外債增加。已開發國家對外舉債用於投資與消費，以補充自有儲蓄之不足。新興經濟體引進外國直接投資（foreign direct investment, FDI）與證券投資（portfolio investment）以促進經濟成長。各國政府降低租稅以鼓勵國內投資，增加支出以提高社會福利與增加公共建設，使預算赤字增加。而低利率鼓勵了各國公私部門大量借錢。

需要面政策無助於經濟的長期成長。如今世界各國大致都已債臺高築，很少財政政策發揮的空間。過去貨幣數量增加接近充分就業後引起物價上漲，使貨幣當局知所節制。如今世界經濟生態改變，貨幣數量增加，物價不上漲，限制因素轉移到資產市場。在此過程中，資產價格上漲，社會財富虛增，貧富差距擴大，公私部門負債累積。目前美國聯準會（Fed）正為升息政策小心翼翼，深恐利率上升使資產市場崩陷，不升息則未來貨幣政策難以為繼，進退維谷。

## 六、儒家思想與世界永續發展

現代成長社會鼓勵個人追求自利以促進社會全體的利益。經濟不斷成長，人均所得不斷增加，所得剩餘成為儲蓄，儲蓄累積而為財富。所得與財富不斷增加，民生富裕，人民追求的價值也超越物質享受，轉為個人自主、自由與自我實現。隨著經濟不斷成長，個人自我意志伸張，對權利和自由的主張也日愈強烈。

然而無限制的自由衝撞社會秩序，並不能使每個人得到更多自由。個人必須知所節制，社會制度必須適時調整，讓眾人為求達到自己目的的努力，達到社會全體的目的。這個制度就是前文所說的「社會誘因制度」，也就是孔子時代的「禮」。

我們只要將前引司馬遷在《史記．禮書》中所說的話稍加整理和引申，就會得到一個完整的社會誘因制度如下圖：

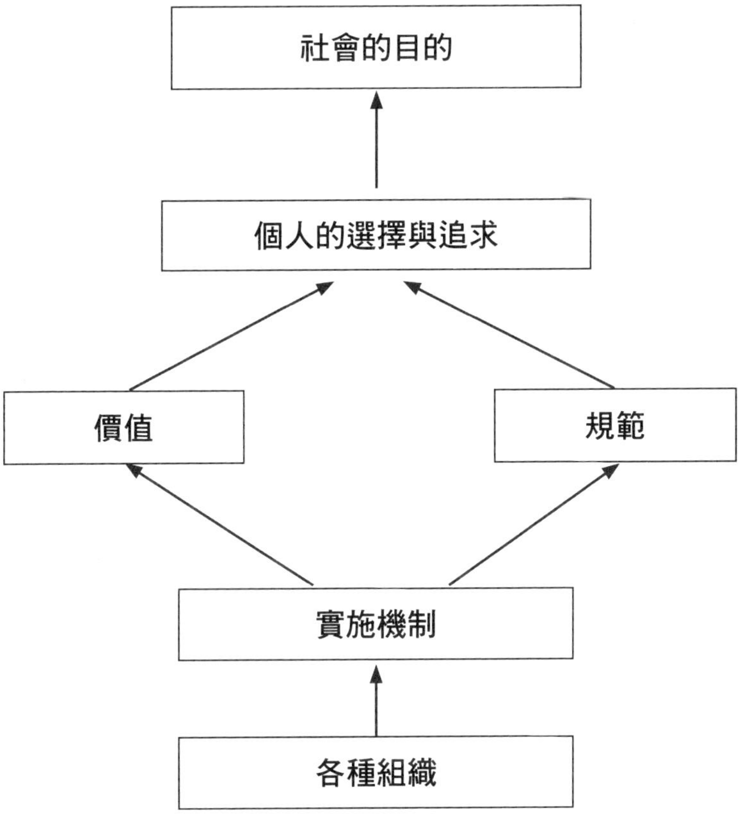
社會的目的
個人的選擇與追求
價值
規範
實施機制
各種組織

社會目的是什麼？社會的目的就是社會全體人民的福祉，也就是人民的最大幸福。這在傳統停滯時代就是社會的和諧與安定，而在現代成長時代必須加上經濟進步（economic progress）。經濟進步可以用經濟成長衡量，不過進步比成長的內涵更豐富：經濟成長只是產值的增加，經濟進步則包含品質的增進。

社會的成就是社會分子每個人選擇與努力的結果，而個人的行為與選擇則受價值的引導和規範的約束。所謂價值（values）是指人生追求的終極目的（ultimate ends），包括倫理價值、經濟價值與社會價值。倫理價值是對個人品格完善的追求，經濟價值包括所得與財富，社會價值包括社會地位和名聲。經濟價值和社會價值可稱為世俗價值。我國的儒家思想產生於傳統停滯時代，社會追求的目的是和諧與安定，所以重視倫理價值；現代西方的資本主義思想追求經濟成長，所以重視經濟價值。規範（norms）包括正式的（formal）法律規範與非正式的（informal）社會規範。一般的社會規範雖然不具備法律的強制性，但對社會分子的行為仍有不同程度的影響，約束個人行為不逾越倫理的分際。實際上我們的日常行為受一般社會規範的節制更多於法律規範的節制。曾子曰：「十目所視，十手所指，其嚴乎！」理想的社會希望法律規範備而不用。價值與規範需要有實施的機制（enforcement mechanism），而實施的機制依附於各種社會組織（organization）之中。例如經濟價值和社會價值主要靠政府和企業提供，法律的制裁靠司法機關實施。政府和企業如將品德作為提供經濟價值與社會價值的前提條件，讓「德厚」者「位尊」、「祿重」，自然有助於個人對倫理價值的重視。

傳統時代我國重視倫理勝於財富，如果對財富有更多的重視，會否有利於技術的商品化，因而創造財富，引起技術的持續進步，是一個可以討論的問題。不過現代社會重視財富勝於倫理，過分強調經濟成長，致使經濟發展陷入今日難以持續的困境，正有待我國的儒家思想加以解救。

## 第一，義必須在利的前面；倫理價值必須優先於經濟價值

司馬遷在《史記．孟子荀卿列傳》中說：

余讀孟子書，至梁惠王問「何以利吾國？」未嘗不廢書而嘆也，曰：嗟乎！利誠亂之始也。夫子罕言利者，常防其原也。故曰：「放於利而行，多怨。」自天子至於庶人，好利之弊何以異哉！

孔子罕言利，並不是因為利不重要，而是因為利在人的心目中已經很重要了，不宜加以強調。

子曰：「富與貴是人之所欲也。不以其道，得之不處也。貧與賤是人之所惡也，不以其道，得之不去也。」（《論語．里仁》）

富是經濟增值，貴是社會價值，道是倫理價值。經濟價值和社會價值都是人生追求的目的，如果取得的手段違背倫理，則寧願不要。人人都不

喜歡貧窮和低賤，如果排除的手段違背倫理，則寧願安於貧窮和低賤，因為仍有倫理價值讓我們可以心安理得過日子。

子曰：「富而可求也，雖執鞭之士吾亦為之。如不可求，從吾所好。」（《論語．述而》）

財富如果追求就可以得到，即使做一個世俗視為低賤、拿鞭子的差役，我也願意去做。如果不是追求就可以得到，還是去做我喜歡的事吧。

子曰：「飯疏食，飲水，曲肱而枕之，樂亦在其中矣。不義而富且貴，於我如浮雲。」（《論語．述而》）

粗飯淡茶，彎起手臂當枕頭，也可以樂在其中。以不正當的手段方能得到的財富和地位，在我心中就像天上的浮雲一般。

不過，重視倫理價值並不妨礙對經濟價值的追求。義和利並非必然衝突，只有在不違背倫理的原則下追求財富，個人的利益才會和社會全體的利益一致，經濟成長才不會讓社會和環境受到傷害，世界經濟發展才可以長期持續。

## 第二，人生應知所節制

傳統時代技術停滯，資源匱乏，人民學習節制。「一粥一飯，當思來處不易；半絲半縷，恆念物力維艱。」現代成長擴大了資源的供應，也鼓舞了我們的貪婪之心，「人心不足蛇吞象。」曹操說：「人苦於不知足，既得隴，復望蜀。」然而資源的供應並非無窮，大自然也非無限。人的欲望受邊際效用遞減作用的限制，永遠得不到滿足。真正的滿足來自內心的充實和喜悅。無節制的自由破壞社會的秩序與和諧，不能讓人的自由增加。真正的自由是限制中的自由。所以孔子「……五十而知天命，六十而耳順，七十而從心所欲，不踰矩。」（《論語．為政》）「天命」是老天爺給我們的限制，不可踰越，「耳順」是社會與世事給我們限制，必須順應。

## 第三，人生應有所敬畏

孔子曰：「君子有三畏：畏天命，畏大人，畏聖人之言。小人不知天命而不畏也，狎大人，侮聖人之言。」（《論語．季氏》）

「天命」是客觀現實對人生造成的限制。「大人」指長官或長輩，「畏大人」表示傳統社會對權威和秩序的尊重。「聖人之言」是智慧的語言。在科技不斷進步，經濟不斷成長的今天，社會的規範和秩序不斷受到挑戰。人生應積極進取，然而社會需要典範讓我們學習，人生也要有所敬畏，知所警惕，社會方能長久維持進步與和諧。

## 第四，政治人物應有君子的風範

當前民主政治的弊端，主要有以下幾項，不同的國家有程度上的不同。（一）政治人物競選公職時，批判時政，醜化競爭對手，提出理想化不切實際的政見，討好選民也欺騙選民。當選後不能實現，事實上也無法做到。一次一次讓選民對政客失去信任，對政府也失去尊敬。（二）民選的政治領袖，受到任期限制，傾向於從事短期可以看到成效的經濟建設，較少提出長期宏遠的計畫，不利於國家的長期發展。對於經濟問題，也傾向於採取短期政策，使問題延後發生，致使國家經濟帶病延年，是不負責任的態度。長期使用擴張性財政政策和貨幣政策，致使國債沉重、資金泛濫就是顯著的例子。（三）民主政治的設計，是以地方選出的民意代表，組成國會，監督與節制全民選出的政治領袖所領導的行政團隊，也就是狹義的政府。代表地方利益的民意代表，為求取悅選民，強勢問政，不利於政事的順利推行。所以民主政治的政府往往有較低的行政效率。

我國傳統的政治理想，是《禮記・禮運大同篇》所說的「選賢與能」，讓賢者和有能力的人在位。

子曰：「文武之政，布在方策。其人存，則其政舉；其人亡，則

其政息。人道敏政，地道敏樹。夫政也者，蒲盧也。故為政在人，取人以身，修身以道，修道以仁。」（《中庸》）

政治要靠賢能的人承擔。賢能的人有利於政事的推動，猶如好的土壤有利於樹木的生長；賢能在位，可使國家自然蓬勃發展。所以良好的政治要靠有賢能的人才，選賢能的人才要看他的人格，其中最重要的品質就是仁。然而令人感到遺憾的是，仁是現代民主政治中越來越難看到的品質。所以政治人物要有儒家君子的風範。「博施濟眾」[11]，「修己以安百姓」[12]，而不是追求自己的地位、權勢與名聲。

## 第五、企業經營必須加入儒家倫理的元素

在構成社會誘因制度的「組織」中，政府、司法、教育和企業都是重要的部門。傳統停滯時代工商業不發達，社會結構簡單，政府掌握的資源最多，功名利祿，富貴榮華，主要由政府支配，因此社會誘因制度主要由

政府主宰，政府也是最有能力提升倫理價值的組織。

今日民主時代的政府掌握的資源相對稀少，選舉制度又不免產生邪惡的政客，失去道德高度，難為全民的表率。清明的司法有賴良好的教育；不幸現代教育重知識、輕倫理，日愈喪失培養品德的功能。

現代社會工商業是最大的組織，擁有社會上最多的資源。百分之七十以上的人力在工商業就業，在工商業追求理想，成就事功，實現自我。而企業的永續經營建立在仁、義、忠、信的倫理基礎之上。企業注入儒家倫理的元素方能永續發展；二者互相發揚，方能促進社會的和諧與進步。[13]

（本章是二〇一八年四月十二日，我在香港華夏青年文化總會、香港教師會、香港教育評議會等主辦之演講，原題為「世界經濟發展與儒家思想的現代使命」，經整理成章，現再加修訂。）

1 馬夏爾的這本名著初版於一八九〇年問世，第八版也是最後一版出版於一九二〇年。

2 David Stewart, *Business Ethics*, McGraw-Hill, 1996, pp.6-10。

3 見本書第二章〈中華多元文化的衝突與融合——儒家思想在中華文化發展中的地位〉。

4《論語・憲問》十七～十八章。

5 Adam Smith, *An Inquiry into the Nature and Causes of the Wealth of Nations*, the Liberty Classics edition, Indianapolis, Indiana, 1981, pp.26-27。

6 The World Bank, *World Development Report, 2003-Sustainable Development in a Dynamic World*, the World Bank, Washington, DC, 2003, pp.5-6。

7 同註6，頁一九九。

8 Adam Smith, *The Theory of Moral Sentiment*, Penguin Books, 2009, (originally 1759), pp.258-265。

9 張孝威，《縱有風雨更有晴》，台北市，天下文化出版，二〇一八年，頁三四五。

10 The World Bank, *World Development Indicators 2013*, Washington, D.C.，頁三一；赤

貧（extremely poor）的標準是每人每日消費在二〇〇五年PPP（Purchasing Power Parity，購買力平價）一點二五美元以下；二美元以下為貧窮（poor）。

11 子貢曰：「如有博施於民，而能濟眾，何如？可謂仁乎？」子曰：「何事於仁？必也聖乎！堯舜其猶病諸。」（《論語・雍也》）

12 子路問君子。子曰：「修己以敬。」曰：「如斯而已乎？」曰：「修己以安人。」曰：「如斯而已乎？」曰：「修己以安百姓，修己以安百姓，堯舜其猶病諸。」（《論語・憲問》）

13 可參考本書第五章〈行仁道的強者——儒家君子的現代使命〉。

# 第五章

# 行仁道的強者——儒家君子的現代使命

唯有企業家為君子，
讓仁義忠信貫穿於企業經營之中，
形成企業文化，
個人追求自己的利益才會增進社會全體的利益，
亞當·史密斯私利與公益一致的理想才會實現。
仁義忠信堅定不移，
所以君子企業家就是行仁道的強者。

## 一、儒家思想的時代背景

司馬遷在《史記．貨殖列傳》中引《周書》說：

「農不出則乏其食，工不出則乏其事，商不出則三寶絕，虞不出則財匱少。財匱少而山澤不辟矣。」此四者，民所衣食之原也。原大則饒，原小則鮮。上則富國，下則富家。貧富之道，莫之奪予，而巧者有餘，拙者不足。

農民如果不從事耕種，人民就沒有飯吃，工人如果不從事製造，人民就沒有器物可用，商人如果不從事經營，糧食、器物和材料就無法轉運，虞人如果不從事開發，就沒有材料可以供應。虞人是古時候掌管山林湖澤的官員，現在可視為一切開發自然資源、提供材料的業者。司馬遷引用的文字次序上可能有所顛倒，「虞不出」一句若在「商不出」，甚至「工不出」之前，最後再說「商不出則三寶絕」，即糧食、材料和器物三種珍貴的物品無法流通，當更覺順理成章。[1]

農、虞、工、商這四種產業是人民一切衣食及用品供應的財源，用今天的話說，就是所得的來源，所得累積而為財富，所以說財源或富源。財源大則富有，財源小則貧窮。對上而言，關係著國家的富有，對下而言，關係著家庭的富有。貧富的道理，不是有人搶奪你，也不是有人送給你；有辦法的人就富，沒辦法的人就窮。

## 農業剩餘有多少，非農業人口就有多少

在一個沒有對外貿易的封閉經濟中，勞動力（labors force）優先使用於農業，以生產人民生存所需的糧食，多餘的人力方用於其他產業。因此一國的農業剩餘（agricultural surplus）就是從事農業生產的家庭剩餘糧食有多少，非農業人口只能有多少。由於工商業多聚集於城市，因此城市人口成為衡量農業剩餘和農業生產力的重要指標。

我國到了春秋時期（公元前七七〇～四七六年），井田制度漸難維

持，土地從公有轉為私有，交通與水利建設改善，南方的稻作傳入中原，鐵製農具與牛耕引進，這些都使農業生產力提高，農業剩餘增加，工商業興起，也支持了一個新興的知識階層，以其知識和專業服務社會，孔子和他領導的儒家正是這一社會階層顯著的代表。

關於工商業興起，《論語》中不乏以工商業做譬喻的談話，顯示工商業活動在當時的城市中已經相當普遍。例如，

> 子貢問仁。子曰：「工欲善其事，必先利其器。居是邦也，事其大夫之賢者，友其士之仁者。」（《論語．衛靈公》）

子貢問如何做到仁？孔子告訴他，住在這個諸侯國之中，應侍奉其大夫中的賢者，與士中的仁者為友，這樣就會增益自己的品德和學識，就像工匠想要做好他的工作，必須先磨利他的工具一樣。我們平常都是用比較熟悉的事打比方，以說明比較不熟悉的事，讓人容易了解。孔子以工匠為喻以說明仁，可見工藝是當時大家常見的活動。

子夏曰：「百工居肆以成其事，君子學以致其道。」（《論語・子張》）

子夏說，各個行業的工匠在店鋪中完成他們的工作，君子靠著學習實現自己的理想。子夏在這裏也是以工匠為喻，說明學以致道。

《論語》中還有一章是以商業活動為喻。

子貢曰：「有美玉於斯，韞匵而藏諸？求善賈而沽諸？」子曰：「沽之哉，沽之哉！我待賈者也。」（《論語・子罕》）

子貢說，假設有一塊美玉在這裏，我們是放在櫃子裏藏起來呢？還是找個有眼光的商人賣掉呢？孔子說，賣掉，賣掉；我在等買主呢？師徒二人以商業語言對話，可見當時商業活動已經很普遍了。[2]其實子貢說的是，像夫子這樣道德學問如美玉一般的人，應該隱居還是出仕呢？孔子則說應該出仕，應該出仕；不過也得有明君禮聘才會考慮應允。

工商業興起，人口向城市移動。春秋齊景公（公元前五四七～四九〇年在位）時期，齊都臨淄的人口大約有七千五百戶，到了戰國（公元前四七五～二二一年）齊宣王（三一九～三〇一年在位）時期增加到七萬戶。[3]

一國的技術水準決定這個國家在一定時期最大可能的產值。技術水準不變，不論增加資本或增加人力都不能使總產值增加。唯有技術不斷進步，使勞動生產力不斷提高，總產值不斷增加，總產值的增加率超過人口的增加率，人均產值才會不斷增加，這是十八世紀後期工業革命以後才有的現象。

我國春秋時期雖有技術進步，但分散於數百年之間，生產力提高所引起的總產值增加被人口增加抵消，所以長期只見總產值增加和人口增加，不見人均產值增加。正如卡爾．馬克思（Karl Marx）所說的，經濟是社會的下層基礎，下層基礎不變，上層結構也不變。在一個經濟停滯的社會，總產值受到技術的限制有一上限，個人追求財富不會使社會的財富增加，人民的福祉來自社會的和諧與安定。不是像現在，個人追求所得與財富增加，國家追求經濟成長。

孔子一生的努力是提倡倫理和建立一個健全的社會誘因制度，以達成社會的和諧與安定，讓人民安居樂業，使社會在一定技術水準下的總產值達到最大，全民的福祉也達到最高。

為什麼倫理重要？因為倫理是人與人之間的適當關係，如果每個人能遵守倫理，各自扮演好自己的社會角色，承擔自己的責任，善盡應盡的義務，人與人就會和諧相處，社會就會井然有秩，使生產力提高，並促進全民的福祉。倫理最根本的部分是仁，仁就是人的同理心和同情心所產生的關懷與推愛之心，由近而遠，甚至擴充到一切有生命之物。

倫理的實踐為道德，道德表現在人的行為上為品德，具有品德之人為君子。不過君子的條件除了品德還需要才識。

## 君子的三種境界

前文多次提到，子路問孔子怎樣才算是君子。子曰：「修己以敬。」曰：「如斯而已乎？」曰：「修己以安人。」曰：「如斯而已乎？」曰：「修己以安百姓。修己以安百姓，堯舜其猶病諸。」（《論語．憲問》）君子是孔子所塑造的理想人格的典範，儒家鼓勵人人為君子。君子不計較自己的利益，從追求完美、服務社會和實現自我中，成就人生的幸福。

我們從孔子的回答中，看到孔子心目中君子的三種境界。第一種境界也是最基本的境界，是以虔誠的態度，認真修習自己的品德與學識，讓自己的人格臻於完美。第二種境界是自己的品德和學識修習到一定程度後照顧別人，讓他們得到幸福。第三種境界是自己的品德和學識到達一定程度後照顧所有老百姓，讓他們可以過好日子，得到幸福。不過第三種境界是很難達到的。

子貢曰：「如有博施於民，而能濟眾，何如？可謂仁乎？」子曰：「何事於仁？必也聖乎？堯舜其猶病諸。」（《論語・雍也》）

如能造福民眾，讓所有老百姓得到幫助，就超越仁的境界，進入聖的地位了。所以君子的極致是聖人。

子曰：「聖人吾不得而見之矣。得見君子者，斯可矣。」（《論語・述而》）

聖人我是沒有機會看到了，有機會看到君子也就可以了。

## 二、棄政從商的典型

### 子貢億則屢中

子貢是孔子喜愛的弟子，他在《論語》中出現四十四次，孔子最得意的弟子顏回只出現二十一次。孔子希望弟子出仕，因為出仕為官小可以「安人」，幫助人，大可以「安百姓」，幫助所有的人。然而子貢卻選擇經商。這樣優秀的人不去治國平天下，謀眾人的福利，而去做生意，孔子覺得不免遺憾。孔子說「君子不器」（《論語．為政》）「不器」就是不應限於一種專長、一種行業、一種profession。當子貢向老師請教自己如何時？孔子說「女器也。」什麼器呢？「瑚璉也。」一種祭祀用的貴重玉器（《論語．公治長》）。雖然貴重，但仍然只是一種器物。

子曰：「回也其庶乎？屢空；賜不受命，而貨殖焉，億則屢

中。」（《論語・先進》）

顏回是孔子弟子中「修己以敬」最有成就的一位。他的品德和才識都差不多了吧？然而卻常常經濟貧困；子貢不接受天命的安排，而去做生意，偏偏臆測常常說中。這正是天命不可知的部分。所以「子罕言利、與命、與仁。」（《論語・子罕》）子貢也說過：「夫子之文章，可得而聞也；夫子之言性與天道，不可得而聞也。」（《論語・公冶長》）

然而子貢並不是只會做生意，他是一位多才多藝、有情有義的君子。司馬遷說：

子貢既學於仲尼，退而仕於衛，廢著鬻財於曹魯之間，七十子之徒，賜最為饒益……。子貢結駟連騎，束帛之幣，以聘享諸侯，所至，國君無不分庭與之抗禮。夫使孔子名布揚於天下者，子貢先後之也。此所謂「得勢而益彰」者乎？（《史記・貨殖列傳》）

子貢離開孔子以後，在衛國為官，往來於曹國和魯國之間做生意，孔子的七十門徒之中以他最為富有……。子貢坐著四匹馬拉的車子，隨從人員馬匹相連，準備好貴重的禮物，拜會各國諸侯，所到之處，國君無不奉為上賓。孔子的名聲天下皆知，一個原因就是子貢為他宣揚的結果。所以說勢力越大則名聲越響。司馬遷又說：

子貢好廢舉，與時轉貨貲，喜揚人之善，不能匿人之過，常相魯、衛，家累千金，卒終於齊。（《史記．仲尼弟子列傳》）

這裏說他喜歡做生意，看準時機，買進賣出，曾在魯國和衛國為相，家財富有，最後死在齊國。不過子貢是否曾在魯國和衛國為相則不可考。無論如何，子貢得意於政商兩界。和後來很多讀聖賢書，不諳世務、百無一用，只會做官的書生比起來，他真是「君子不器」！

孔子死後葬在曲阜城北的泗上，弟子都服三年之喪。三年喪畢，哭別而去。唯有子貢在冢前搭一草棚而居，又三年才離開。

## 陶朱公富好行其德

大約同一時期稍早，另外一位由政治家成功轉業為企業家的陶朱公范蠡，也是司馬遷筆下的典範人物。范蠡幫助越王句踐滅吳後，棄官而去。《史記・越王句踐世家》有一段精采的記載：

范蠡浮海出齊。變姓名，自謂鴟夷子皮，耕于海畔，苦身戮力，父子治產，居無幾何，致產數十萬。齊人聞其賢，以為相。范蠡喟然嘆曰：「居家則致千金，居官則至卿相，此布衣之極也。久受尊名不祥。」乃歸相印，盡散其財，以分與知友鄉黨，而懷其重寶，間行以去。止于陶。以為此天下之中，交易有無之路通，為生可以致富矣。於是自謂陶朱公，復約要父子耕畜，廢居，候時轉物，逐什一之利。居無何，則致貲累巨萬。天下稱陶朱公。

范蠡是越王句踐手下的頭號大將和謀臣。句踐為吳王夫差所敗後，他捨棄相位，陪伴句踐為質於吳。後來為句踐籌謀畫策，打敗夫差，滅吳稱霸。自己則棄官乘船出海到齊國，自稱鴟夷子皮。齊國的東方從山東到浙江沿海一帶都是東夷，其在山東的部分叫萊夷。東夷是尚鳥的民族，鴟是一種猛禽，范蠡自稱鴟夷子皮，可能與他往來於齊都臨淄和萊夷之間做生意有關。所以他很快致富。

齊國聽說他賢能，請他為相，相是輔佐國君的首席大臣。范蠡說了一句很有智慧的話：「居家則致千金，居官則至卿相，此布衣之極也，久受尊名，不祥。」雖然有能力做大官、發大財，但是不能太在意地位和金錢。長期享有盛名並非好事。於是歸還相印，散盡家財，只攜帶貴重財物，選小道離開，到達山東西南部的陶，自稱陶朱公。

司馬遷在《史記・貨殖列傳》接著說：

朱公以為陶天下之中，諸侯四通，貨物所交易也。乃治產積居，與時逐而不責於人。故善治生者，能擇人而任時。十九年之中三致千金，再分散與貧交疏昆弟。此所謂「富好行其德」者也。

由於陶是當時所謂天下的中心，四通八達，各國的商品都到這裏買賣交易。於是在陶購置產業，存貯貨物，看準時機，買進賣出。所以會做生意的人善於掌握時機，而不依靠人力。他在十九年之中，三次累積千金，再分散給窮人和親友。司馬遷說，這就是所謂「富好行其德」。

子貢和范蠡都是品德高尚、有才能、有智慧，居官可以至卿相，居家可以致千金的君子。他們所處的時代是從春秋末期到戰國初期，諸侯兼併、列國爭雄、社會進入重商的時代。當時的人還不能了解，商業轉運貨物，改變商品供應的時間和空間，使商品的「邊際效用」提高，價值增加。商業也促進了不同產業在地區之間的分工與專業，使生產力提高，總產值增加。

生產力提高反映於產業結構改變，工商業發達，城市人口增加。戰國時期發展起來的大城市如齊之臨淄，趙之邯鄲、魏之大梁、楚之郢、秦之咸陽。以齊都臨淄為例：

蘇秦說齊宣王曰：「臨菑之中七萬戶，臣竊度之，不下戶三男子，三七二十一萬，不待發於遠縣，而臨菑之卒固已二十一萬矣。臨菑甚富而實，其民無不吹竽鼓瑟，彈琴擊筑，鬥雞走狗，六博蹋鞠者。臨菑之塗，車轂擊，人肩摩，連衽成帷，舉袂成幕，揮汗成雨，家殷人足，志高氣揚。」（《史記・蘇秦列傳》）

蘇秦這段話顯示了齊宣王時代齊國的富有，可以看出除了工商業之外，服務業和娛樂業發達，社會生活多采多姿。文中提到的蹋鞠不但是民間的遊戲，也是軍中訓練士卒的體育活動。鞠是革製的皮球，蹋鞠就是今天的足球，國際足球總會已經認證我國戰國時代齊都臨淄的蹋鞠，就是今天足球的起源。[4]

當年范蠡和子貢有遠見，看出天下大勢所趨，工商業的時代來臨，棄政從商，是有智慧、有膽識的選擇。君子並非只有從政才對社會有貢獻，在商業興起的時代，經商使貨暢其流，促進產業和地區分工，提高生產力，一樣對社會有貢獻。

孔子不鼓勵子貢經商，並非因為不重視財富，而是更希望他進入政府，造福百姓。孔子也不反對追求財富，他只是反對以不正當的手段追求財富，不正當的手段就是違背倫理的手段。本書多次提到：「富與貴是人之所欲也，不以其道，得之不處也。貧與賤是人之所惡也，不以其道，得之不去也。」（《論語・里仁》）以及「富而可求也，雖執鞭之士，吾亦為之；如不可求，從吾所好。」（《論語・述而》）「不以其道」就是不用正當的手段；「從吾所好」表示人生還有其他安身立命之道，這也是君子「修己以敬」的一種生活境界。

子貢和范蠡是中國商人的典範，有道德，有學問，既可以治國、平天下，又會做生意、賺大錢，而且不戀棧名位，富而好施，富好行其德。所以生意人有一付對聯：

陶朱事業；端木生涯。

這應是中國所有商人共同嚮往的人生目標吧？

## 三、從重農輕商到儒商興起

### 對商業和商人保持消極甚至否定的態度

漢初，由於經過多年戰亂，人民流離，土地荒蕪，糧食生產不足，所以重農抑商。漢高祖令商人不得衣絲乘車，並課以重稅。

惠帝和呂后時對商人的限制放鬆，但商人子孫仍不得為官吏（《史記・平準書》）。文帝二年（公元前一七八）九月下詔曰：

農，天下之大本也，民所恃以生也，而民或不務本而事末，故生

不遂。朕憂其然，故今茲親率群臣農以勸之。其賜天下民今年田租之半。（《漢書．文帝紀》）

十二年（公元前一六八）三月復下詔曰：

道民之路，在於務本。朕親率天下農，十年于今，而野不加辟，歲一不登，民有飢色，是從事焉尚寡，而吏未加務也。吾詔書數下，歲勸民種樹，而功未興，是吏奉吾詔不勤，而勸民不明也。且吾農民甚苦，而吏莫之省。將何以勸焉？其賜農民今年租稅之半。（《漢書．文帝紀》）

文帝時鼂錯有〈論貴粟疏〉，其部分內容如下：

今農夫五口之家，其服役者不下二人，其能耕者不過百畝，百畝之收，不過百石。春耕、夏耘、秋穫、冬藏；伐薪樵，治官府，給繇役；春不得避風塵，夏不得避暑熱，秋不得避陰雨，冬不得避寒凍，四時之間亡日休息；又私自送往迎來，弔死問疾，養孤長幼在其中。勤苦如此，尚復被水旱之災，急政暴虐，賦斂不時，朝令而暮當具。有者半價而賣，亡者取倍稱之息。於是有賣田地、鬻子孫以償債者矣。而商賈大者積貯倍息，小者坐列販賣，操其奇贏，日游都市，乘上之急，所賣必倍。故其男不耕耘，女不蠶織，衣必文采，食必粱肉；亡農夫之苦，有阡陌之得。因其厚富，交通王侯，力過吏勢，以利相傾；千里游敖，冠蓋相望，乘堅策肥，履絲曳縞。此商人所以兼併農人，農人所以流亡者也。

今法律賤商人，商人已富貴矣；尊農夫，農夫已貧賤矣。故俗之所貴，主之所賤也；吏之所卑，法之所尊也。上下相反，好惡乖迕，而欲國富法立，不可得也。

余英時說，我國自漢至宋，儒家思想大致對商業和商人保持消極甚至否定的態度[5]。這一態度有三點重要的意義：（一）「民以食為天」，食是人生最重要的需要，封閉社會必須維持足夠的農業人口，才能生產足夠的糧食。（二）鼓勵菁英人才進入政府，維持社會的和諧與安定，實現一定技術水準下最大的產值。（三）不是很了解商業改變商品供應的時間和空間，提高商品的邊際效用，創造增加的價值，也是一種生產事業。工作的價值不是決定於辛勞的程度，而是決定於其所提供的貨物或勞務在滿足需要時產生的邊際效用。

## 教育普及與儒商興起

進入北宋時期，由於唐代的門閥制度消失，科舉成為讀書人的進身之階。政府亦重視教育，正式的教育機構有國子監與太學。宋仁宗（公元一〇二三～一〇六三年在位）慶曆四年（公元一〇四四年）下詔州縣立學。除了政府的教育系統之外，書院講學之風興盛，著名的書院有白鹿洞、嵩陽、嶽麓、應天四大書院。加以慶曆年間畢昇發明活字版，助長印刷術發展；這些因素都使北宋教育普及。「徽宗崇寧三年（公元一一〇四年），增縣學弟子員，大縣五十人，中四十人，小三十人；南渡後，於高宗建炎三年，復置教授，凡四十三州，紹興十二年詔諸州守臣修學，十八年，立縣學。」[6]

受教育的人增加，自然不可能以出仕為唯一出路。侯家駒引述南宋袁采的一段文字，分析「習儒或讀書的出路」，將其分為三個層次：

第一個層次是科舉中人，除做官外，還可教書授業，這種教授工作，雖可在官學中進行，但此處所說之「開門教授」，似指私人講學（當然包括民間書院）；第二個層次是科舉失敗者，可作幕府記室（開後代「師爺」之先河），或教蒙館；第三個層次是那些不願「習進士業者」，由於有讀書識字的基礎，而可以為「巫、醫、僧、道、農圃、商賈」提供生力軍，其中尤以巫、醫、商賈為大宗，從而將士由做官的候補者，改為服務業（主要是作幕、教書與商賈）的預備軍，正式成為一種相當廣泛的職業。亦可以說「士商不分」，是由於教育較為普及。[7]

做官不成去教書，不論是參與書院講學，或教私塾，都會產生經濟學所說的「供給創造自己的需要」（supply creates its own demand），促進教育的普及。不過，讀了幾年書做生意，成為商賈，可能尚難謂「士商不分」。真正接近「士商不分」，甚至成為「儒商」，還要經過元代，等待明代。

明代人口大量增加。余英時指出明初一四〇〇年左右，中國的人口大約有六千五百萬，到了一六〇〇年前後已經增加到一億五千萬。人口大量增加，教育普及，參加科考的人數增加，錄取的機會減少。仕途壅塞，而工商業發達，越來越多讀書人「棄儒入賈」，本著儒家的倫理觀念做生意，形成以徽商和晉商為代表的儒商。余英時說：大約十分之一的讀書人科考出仕，十分之九從事商業。[8]

可能由於地域關係，徽商尊崇朱熹，重視義利之辨。晉商崇尚關公，標榜忠、義、仁、勇。河南開封山陝甘會館供奉關聖帝君，進門牆上至今大書忠、義、仁、勇四個大字。

山東聊城山陝會館大殿有一幅楹聯，寫的是：

非必殺身成仁，問我輩誰全節義？
漫說通經致用，笑書生空讀春秋。

中國人不論做官或做生意，讀的都是孔孟聖賢之書，究竟哪一行業的人更能實踐先聖的教誨呢？實踐忠孝節義，並非一定要殺身成仁。這幅楹聯充滿了誠實做生意的人對書生的嘲笑和挑戰。

明清儒商的經營理念大致有以下幾個特色：（一）崇尚誠信，以義制利，義中取利；（二）賺了錢買土地，以末致富，以本守之；（三）重視子弟教育，希望考取功名，光耀門楣，心裏想的仍然是儒家修齊治平之道；（四）多做公益，照顧鄉里。

## 四、儒家君子才是企業家的理想人格

明代雖然人口增加，工商業發達，然而正如亞當・史密斯所說的，中國富有（opulence），但沒有進步（progress）。史密斯在《國富論》中兩次提到中國比歐洲任何地方都富裕。又說中國很久以來就是世界上最富有的國家之一，其土地最肥沃，耕種最良好，人民最勤勉、眾多，但是長期停滯，缺少進步[9]。

然而歐洲卻發生翻天覆地的變動。文藝復興（The Renaissance）從義大利的佛羅倫斯開始逐漸發展到德、法、荷、西和英國。擺脫教會對思想的箝制，崇尚知識，愛好文學和藝術，開啟個人主義、人文主義以及科學和工藝的發展。十六世紀進入重商主義時代。西歐各國紛採富國強兵的政策，以國家力量發展對外貿易，擴充殖民地，掠奪資源。十八世紀後半，工業革命在英國發生，技術進步在資本主義制度引導和科技研發支持下，取得連續不斷的性質。生產力不斷提高。總產值不斷增加，抵消人口增加，使人均產值和人均所得不斷增加。世界進入現代成長時代。個人追求自己的財富，可以促進社會全體的財富。因此，自利受到鼓勵，成為現代成長社會和傳統停滯社會的重大差異。

史密斯的《國富論》初版問世之時，正當英國工業革命開始。史密斯說，一個產業一定時期之產值就是這個產業此一時期，在其使用的物品和材料上增加的價值。一個國家的總產值，也就是現在所說的國內生產毛額（GDP），就是這個國家全體產業所增加的價值之和。

生產就是創造價值，農業和工業固然為社會創造了價值，商業改變商品供應的時間和空間，使其邊際效用提高，同樣是創造價值。

個人為了自己的利益從事生產，創造價值，從所增加的產值中取得一部分作為自己的利潤。他生產的效率愈高，創造的價值愈大，利潤率就愈高。市場機制將社會有限的資源分配給利潤率最高的生產者，使有限的資源得到最大的產值，故個人的利益和社會的利益一致。

然而人在追求自利、從事生產的過程中，會不會傷害到他人的利益，以致他所得到的利益一部分甚至全部來自他人的損失？史密斯在《道德情操論》中說，人的自利之心雖然強烈，但常受理性、原則、良心和內心的主宰者也就是上帝的節制。不過他在《國富論》中則不談倫理，而期待市場上公平、自由之競爭發生節制的作用。

## 企業醜聞是資本主義的常態而非異數

然而不論發自內心或來自市場之節制，從來未能阻止資本主義制度下企業之醜聞。美國麻州理工學院（MIT）的教授梭羅（Lester Thurow）說，企業醜聞是資本主義的常態而非異數。在美國歷史上每當牛市走到末尾，都會發生企業弊端。一九三〇年代大蕭條前夕，股市盛極而衰，弊案連續爆發，催生了「證券交易委員會」（Securities & Exchange Commission, SEC）及沿襲至今的大部分會計和財務法規。梭羅說，假帳從來不是會計師憑空揑造，會計師的工作是查核、簽證客戶自己所做的財務資料，如有舞弊也是客戶自己的行為。會計師如果知情不報，雖有共犯之嫌，但究非舞弊的教唆者；且受人雇用，很難不予配合。當繁榮接近尾聲，好景已成過去，但大家都得達到公司的財務目標，營收和獲利必須符合專家分析的預期。企業中有人達不到目標就得下台走路，為了生存在數字上動手腳，時間一久，小修改成為大造假。很多人心存僥倖，以為景氣一旦復甦，就會讓數字弄假成真，結果愈陷愈深，終於釀成大禍。

我們如稍加補充，二〇〇一年美國安隆（Enron）公司在會計師事務所安達信（Arthur Andersen）的協助下，利用會計技巧，以「特別目的組織」（Special PurposeEntities, SPE）規避子公司之不良財務狀況，並將二〇〇〇年二百二十一億美元之負債短報為一百零二億元，虛增利潤，造成偏高之股價，讓知情之公司高層從中獲利。及至東窗事發，股價暴跌，市值從美元七百億降為二億元，致使不知情的投資者慘遭損失。無獨有偶，二〇〇一年世界通信（World Com）將三十九億美元之電信維護費當作投資支出處理，分四十年提列折舊，並降低公司所提列之各項準備，虛增利潤三十八億元，二〇〇二年六月，市值蒸發，從美元一千二百億降至三億。世界通信之簽證會計師亦為安達信。

梭羅說，那些為了防範弊端再度發生所修訂的新法規，猶如還在打上次戰爭的將軍。這些新法規如早已存在，今天的弊案就不會發生，但是不能阻擋明天的弊案，因為明天的弊案會從新的漏洞爆發。[10]

美國企業界的經驗，自然讓我們想到兩千五百多年前孔子的：「道之以政，齊之以刑，民免而無恥；道之以德，齊之以禮，有恥且格。」（《論語・為政》）

## 君子固窮，小人窮斯濫矣

人的行為如果由政令指導，用法律限制，就會為了逃避法律的規範而失去做人的尊嚴；如果由道德加以引導，以禮加以節制，則不但會維持做人的尊嚴，並且知道辨別是非。所以我們如果希望企業能正派經營，不做違背企業倫理的事，根本之圖必須經營者有君子一樣「修己以敬」的素養，將倫理的美德內化為人格的一部分，不為利害考慮而動搖。

德**第一是仁**。仁是儒家倫理最核心的價值。仁是人的同理、同的發揮與實踐。企業經營的事業必須為對社會有益的事業，社會的貢獻。

者宜也。義是行事的正當性，其最低的標準就是亞當・的公平；公平就是不減少別人的利益。企業對員工、對顧客、生意上、下游的夥伴、對社會都必須做到義。因為如果做不到義或公平，就會傷害到別人的利益，使別人的利益減少；這表示企業所得到的利益一部分來自別人利益的減少，因此企業的利益並非來自對社會的淨貢獻。而且傷害到別人的利益也會引起抗爭或至少怨恨，不為社會所容許。孔子說：「放於利而行，多怨。」（《論語・里仁》）

**第三是忠**。盡己之謂忠。對於自己負有責任的事和受人所託的事，都應盡心盡力去完成。企業的經理人必須像曾子，每天問一問自己：「為人謀而不忠乎？」

**第四是信**。信是誠實不欺，說了話算數，所以為人信賴。企業經營必須誠實不欺才能為人信賴，建立商譽，所以早年我國的商店最常看到的招牌就是「童叟無欺」。

孟子說：「仁義忠信，樂善不倦，此天爵也。」仁義忠信是天賜給我們的地位和榮耀，這是何等尊貴！孟子又說：「古之人修其天爵，而人爵從之。」人爵是人間的功名利祿、富貴榮華。古時候的人因為具備仁義忠信、樂善不倦的品德，所以社會報之以功名利祿、富貴榮華。孟子說的是社會誘因制度也就是禮制健全的時代，如果禮壞樂崩，社會誘因制度倒行逆施呢？這時候只有君子仍可以堅持原則，小人就為了維護自己的利益而無所不用其極了。

子路問孔子：「君子亦有窮乎？」子曰：「君子固窮，小人窮斯濫矣。」（《論語．衛靈公》）

為什麼君子能夠「固窮」呢？因為君子將仁義忠信、將品德、將個人的人格完美，當作人生最珍貴的價值。所以孔子才會說：「飯疏食，飲水，曲肱而枕之，樂亦在其中矣。不義而富且貴，於我如浮雲。」（《論語・述而》）又說：「賢哉回也！一簞食，一瓢飲，在陋巷，人不堪其憂，回也不改其樂，賢哉回也！」（《論語・雍也》）

唯有企業家為君子，讓仁義忠信貫穿於企業經營之中，形成企業文化，個人追求自己的利益才會增進社會全體的利益，亞當・史密斯私利與公益一致的理想才會實現。孔子說：

> 君子無終食之間違仁，造次必於是，顛沛必於是。（《論語・里仁》）

君子沒有一頓飯的時間違背仁，匆忙之間如此，危難之間也如此。仁義忠信堅定不移，所以君子企業家就是「行仁道的強者」。

（本章是二〇一七年十二月九日，我在中華民國亞太產業經營研究會主辦「亞太企業論壇——行仁道的強者」的演講，整理成章，經再加修訂。）

---

1 韓兆琦注譯，《新譯史記》，台北市，三民書局，二〇〇八年，第八冊，頁五〇七四。

2 參考余英時，《中國文化史通釋》，香港，牛津大學出版社，二〇一〇年，頁四七。

3 陶梅生注譯《新譯晏子春秋》，台北市，三民書局，一九九八年，頁三四一。韓兆琦注譯，《新譯史記・蘇秦列傳》，台北市，三民書局，二〇〇八年，頁二九六五～三〇三二。

4 引自國際足球總會FIFA.com - History of Football - The Origins：「The very earliest form of the game for which there is scientific evidence was an exercise from a military manual dating back to the second and third centuries BC in China. This Han Dynasty forebear of football was called Tsu' Chu and it consisted of kicking a leather ball filled with feathers and hair through an opening, measuring only 30-40cm in width, into a small net fixed onto long bamboo canes. According to one variation of this exercise, the player was not permitted

to aim at his target unimpeded, but had to use his feet, chest, back and shoulders while trying to withstand the attacks of his opponents. Use of the hands was not permitted.

5 余英時，同註2，頁四八。

6 侯家駒，《中國經濟史》，台北，聯經出版公司，二〇〇五年，下冊，頁六七六。

7 同註6，頁七一四～七一五。

8 Ying-Shih Yu, *Chinese History and Culture,* New York , Columbia University Press, 2016, Vol.i, p.251。

9 Adam Smith, *An Inquiry into the Nature and Causes of the Wealth of Nations*, Indianapolis Indiana: Liberty Classics, 1981, pp. 89, 208&255。

10 台北《天下雜誌》，二〇〇二年八月十日，頁三二～三四。

第六章

# 企業家的經濟任務與社會責任

——創造價值，維護公義

如今，
社會資源主要集中在工商業手中，
現代社會百分之七十以上的人力在工商領域就業和發展，
工商業的永續發展需要以倫理維繫，
工商業重視倫理不但有利於國家的經濟發展，
也有助於社會的秩序、
和諧與安定。
這是作為企業負責人和決策者
對國家可以做出的最大的貢獻。

本章所謂企業，泛指一切從事生產、創造價值的事業。社會因為有企業，所以很多人才有工作做，有薪水拿，可以養家活口，在職位上升遷，自我實現，感覺有成就。政府才會有稅收，用以保衛國家，從事建設，為人民服務。可惜這麼根本又重要的事，很多人好像不知道，而只看到企業聚集資金，賺取利潤，以為佔了社會的便宜。

近年台灣的社會風氣有一點反商和仇富。然而打倒有錢的人會讓我們富有嗎？不會，只會讓我們更貧窮；蘇共和中共都試過了。我感到很遺憾。我覺得我們經濟學者也要負一部分責任，因為沒有向社會說明白。

## 一、企業與企業家

首先我要談一談誰是企業家。企業家就是企業的負責人和決策者。不過負責人和決策者只是企業家的基本條件，任何企業都會希望其負責人和決策者能在產品上、生產技術上和經營模式上有不斷的創新，使企業的生產力和競爭力不斷提升。也唯有如此，企業在競爭激烈的現代成長經濟中，才能永續存在。

上個世紀美國哈佛大學的偉大經濟學家熊彼得定義企業家（entrepreneur）是一位創新者（innovator）。熊彼得所謂的創新（innovation）有五種不同的形式：（一）生產一種新產品，或改進一種產品的品質；（二）使用一種新生產方法，或改進現在使用的生產方法，使其生產效率提高；（三）改進現有的組織，提高組織的效能；（四）開闢一個新市場，或取得新的原料供應地；（五）創造一種獨佔地位，或打破現存的獨佔地位。不論哪種形式的創新，創新使利潤率提高，引起投資叢集，經濟成長，然而利潤率隨競爭降低。國家經濟就在企業家一波又一波的不斷創新中持續發展。不過熊彼得意義的企業家不是一種職業，也不是一種地位，一旦創新完成，企業家的角色就消失。

現代企業的主要型態為有限責任的公司組織。公司由股東大會選舉董事，組成董事會，任命經理人負責公司營運，其中的決策者就是企業家。發展中國家法規制度薄弱，公司規模小，股東人數少，股權集中，公司的負責人和決策者常為公司的大股東，或大股東的代理人。已開發國家法制健全，公司規模大，股東人數多，股權分散，公司的負責人和決策者常為專業經理人。不論企業家是公司的大股東，公司就是自己的財產，或是由公司聘任的專業經理人，僅擁有少數股份，甚至沒有公司的股票，企業家受公司委託負責經營，對董事會和股東大會負責，必須有一種基本認識和一種基本態度：一種基本認識是企業是眾多股東組織起來用以從事生產、賺取利潤的手段，手段為達成目的而存在；一種基本態度是企業家受人之託，忠人之事，應像先賢曾子一樣，每天問一問自己：「為人謀而不忠乎？」

## 二、什麼是生產？

什麼是生產？生產最直接的意義就是創造貨物（goods）或服務（services），以滿足人類的欲望。人有各種不同的欲望，追求滿足；欲望得到滿足才能維持生命，繁延族群，並增進生活的幸福。貨物與服務由於具有滿足人類欲望的功能而產生效用（utility）；由於具有效用而為人類所需要，成為追求的標的而產生價值，所以願意以一定代價去換取。同樣貨物或服務對不同的人，甚至對同一人在不同的時間或情況下，其效用不同，例如，同樣的食物在我們飢餓的時候和我們飽足的時候，對我們的效用不同，然而只需以相同的價格去購買，因而有相同的市場價值。所以概括的說，生產就是創造市場價值，或者說生產就是創造經濟價值，因為人生尚有其他欲望和需要同樣會產生價值。例如我們對社會地位和名聲的需要，產生社會價值；對自我人格完美的需要，產生倫理價值。

農業生產糧食，滿足我們對食物的需要，讓我們得以生存。工業生產器物，增進我們生活的便利和舒適，並使我們的生產力提高。礦業開採自然資源，雖不直接滿足我們的欲望，但成為很多器物加工生產所必須。商業改變貨物供應的時間或空間，使同樣貨物的效用提高，市場價值增加。古人不知這樣的道理，常以為商業是不生產的，所以將其視為末業，然而卻不能否認商業賺錢更多、更快，因而要「以末致富，以本守之。」「本」是指農業。

企業是最基層的生產組織。生產相同貨物或服務的企業加總而成為產業，同類產業加總而成為大的產業分類，如農、礦、工、商。

經濟學的鼻祖亞當・史密斯說：一個產業的年產值，就是這個產業一年中在其所使用的物品和材料上增加出來的價值。一個國家的年產值，就是這個國家所有產業年產值之和。史密斯所說的一個國家的年產值，就是我們現在所說的GDP，唯不包括政府的間接稅和對企業的補貼。

## 追求自利可以達成公益

所以企業從事生產，其原始的動機，雖然是為了追求自己的利益，然而卻為社會全體創造了經濟價值，滿足社會全體生存發展的需要，增進社會全體的福祉。所以史密斯認為追求自利可以達成公益。他並且說：

我從沒聽說那些假裝為了公共利益而從事交易的人做出什麼好事。說實在話，這並非一般商人的態度，也不需說幾句話就可讓他們放棄。[1]

史密斯對那些官僚政客口裏說是為公益，實際上是為私利的醜惡面孔，真是慨乎言之！他的現代信徒傅利曼說：「魔鬼當選公職並不能使他成為天使。」難怪他們寧願鼓勵個人追求自利，並大力鼓吹自由經濟，讓自利的動機達成公益的目的。

然而企業如何從事生產？其所創造的價值，或史密斯所說的「增加出來的價值」，又從何而來呢？企業組織生產因素，在所使用的物品和材料上，生產貨物或服務。其所使用的物品和材料，由於進入其所生產的產品之中，成為產品的一部分，所以稱作中間產品（intermediate products）。生產因素包括資本、土地和勞動，其中資本的報酬是利息，土地的報酬是地租，勞動的報酬是薪資。中間產品的價款和各種生產因素的報酬共同形成產品的成本；而產品的市場價值與其成本之間的差額為利潤。所以企業所創造的價值，等於其所使用的生產因素的報酬：利息、地租、薪資和利潤，也就是國民所得（national income）。企業的生產效率愈高，則其所創造的價值愈大，利潤率愈高；唯如效率偏低，則利潤率也可能是負值。

所以一個國家由於各個企業從事生產，創造價值，人民才能得到生存發展所需的各種貨物和勞務，其所擁有的資金才能得到利息，土地才能得到地租，人民當中的勞動人力（labor force）才有工作做，有薪水拿，可以仰事俯畜，教養子女，施展抱負，實現自我；政府才有稅收，從事防衛和建設。這就是企業對社會的貢獻，也就是作為企業負責人和決策者的企業家應承擔的經濟任務。

## 三、企業倫理與企業社會責任

企業倫理就是企業與其利害關係者（stakeholders）之間應維持的關係。企業的利害關係者包括顧客、員工、生意上、下游的夥伴，例如上游的供應商和下游的經銷商，社會特別是企業及其分支機構所在的社區，以及自然環境；不要忘記還有股東，也就是擁有企業股票的人（stockholders）。

企業倫理與一般倫理不同，一般倫理是人與人、人與群體、以及人與環境之間應維持的關係。我國的儒家思想所主張的倫理包括：仁、義、忠、信等，其中最主要的項目是仁。「仁者愛人」。仁是愛心的實踐，由近而遠，從家人及於社會、甚至全人類。

西哲亞當・史密斯也主張「節制私欲，樂施仁慈。」他又說：「為人如能做到恰好的審慎、嚴格的公平與適當的仁慈，可謂品德完美矣。」史密斯所謂審慎是照顧自己的利益，公平是不減少別人的利益，仁慈是增加別人的利益。

## 企業的倫理就是公平

然而企業倫理是一種組織倫理，組織倫理以達成組織設立的目的為前提。企業是一種營利組織，營利組織以從事生產、賺取利潤為目的，但不可傷害別人的利益。企業在經營過程中，如能對股東以外所有其他利害關係者都公平對待，不使他們應得的利益受到損害，則企業所創造的價值就是為社會淨增加的價值，否則其所創造的價值中就有一部分來自社會其他部門的損失；其所賺取的利潤就是純淨正當的利潤，否則就有一部分為對其他利害關係者的剝奪。因此，企業倫理就是公平。

近年「企業社會責任」（corporate social responsibility, CSR）的理念盛

行，風起雲湧，在世界各國，在政府、民間和企業界受到普遍的重視，儼然CSR更具崇高的理想、也是更高層次的企業倫理。所謂CSR是說企業不應只關心其股東或股票擁有者的利益，也應關心其他利害關係者的利益，也就是顧客、員工、生意上、下游夥伴、社會、社區、與環境的利益。此一主張就是所謂利害關係者學說（stakeholders theory）。

企業社會責任理念的盛行有幾個重要的原因：[2]

- 一九八〇年代以來，受到世界經濟全面全球化的影響，各國減少租稅以防止產業與資金外流，使政府的規模縮小，負債增加，福利經費減少，期待民間部門負起更多社會責任。
- 非政府組織（NGO）興起，關心社會弱勢族群，需要經費，希望從企業界得到捐助。
- 若干企業不以幫助股東賺錢為已足，希望藉企業龐大的資源，為社會做出更多直接貢獻；企業的員工也多以服務公益為傲，為此更願為公司效忠。

- 愈來愈多企業趁勢將履行企業社會責任轉化為經營策略，為公司擴大版圖，使公司經營更為成功。
- 不可諱言，亦不乏企業假公益之名，為公司節稅，甚至謀取個人利益。

然而傅利曼說：

> 企業只有一個社會責任，就是在遊戲規則的範圍內使用其資源，從事增加利潤的活動；所謂遊戲規則，就是參與公開、自由的競爭，而不作偽、欺騙。[3]

傅利曼的主張就是所謂「股票擁有者學說」（stockholders theory）。引申來說，企業的社會責任就是誠實不欺，規規矩矩做生意，為社會創造價值，從而為股東賺取利潤。傅利曼的思維嚴謹，一方面為經濟維護效率，一方面為社會維護公平。他的主張可說承繼史密斯原始的理念。

## 符合社會期待，扮演好社會公民角色

不過企業家帶領其工作團隊，面對社會，從事經營，縱然處處做到公平，也必須符合社會期待，扮演好社會公民的角色，展現善意，與社會和諧相處，為社會增加溫暖。何況企業聚集社會資源，現代巨型跨國公司富可敵國，資產市值往往超過中小型國家的GDP，其生產與經營過程，購買、銷售都對社會產生重大影響。企業家更應常抱關懷之心，使其發揮正面的影響，避免產生負面的傷害。

企業實踐社會責任有三個基本的原則：

### （一）市場與善意的原則

五個其他利害關係者之中，顧客、員工和生意上下游夥伴，各有相關市場決定公平、共同接受的價格。對顧客而言，貨真價實，誠信可靠，態度親切，都有助於樹立口碑，拓展市場，增加利潤。關心顧客的利益，不斷研發，以精進的產品、合理的價格服務顧客，尤有助於公司的發展。對員工而言，改善工作條件，增進員工福利，維護友善和諧的工作環境，都有助於生產力與競爭力的提高。公司並可善用員工關心社會的熱忱，推動公益活動，凝聚員工的向心力，提升公司的形象。對生意上、下游的夥伴而言，可借助採購與行銷的巨大影響力，要求改善上游供應端的生產技術、產品品質、勞動條件，甚至地區人民的生活與環境，以及下游銷售端的銷售環境。

## （二）邊際收入等於邊際成本（MR=MC）原則

企業的公益活動雖然會使支出增加，但也會產生廣告效果，提升公司形象，有助於產品的銷售與市場地位的鞏固與擴充，使收入增加。公益活動應始於公益，終於自利，達到邊際收入等於邊際成本（MR=MC）之點，挹注公司的利潤。

台灣在一九五〇和六〇年代美援時期，美國一方面在四八〇公法項下贈送我國小麥，一方面以出售小麥所獲之美援基金選送麵包師到美國坎薩斯市（Kansas City）接受製作西點麵包的培訓。這些種子麵包師返國後創業授徒，使台灣西點業發達，大量向美國採購小麥，擴大美國小麥在台灣的市場。公益支出必須創造收入，增加利潤，至少不產生虧損，才可能永續進行。

不過公益活動也可能單純出於仁慈關懷之心，希望幫助弱勢，或對社會有所貢獻。但這只應是公司股東的善舉，而非企業作為營利組織的本分。通常的做法是經股東大會同意，提供利潤的一定比率，例如百分之五，授權董事會辦理。

## （三）補償原則

企業的環境責任在於維護永續發展，不使這一世代為追求自己生存發展的需要，而減損未來世代生存發展所賴的環境和資源。因此企業活動對環境的傷害應原則禁止，至少應予補償。然而由於自然環境一旦遭受破壞，恢復不易，應盡可能避免。這一點由於自然環境的公共性質最難做到。無主的山林總是先被砍伐；無主的池魚總是先被捕撈。大自然是最大的無主公共財，大家都恣意利用和破壞，所以造成今天的地球暖化和汙染，必須以外力加以節制。《孟子．告子》有個有名的例子：

> 牛山之木嘗美矣。以其郊於大國也，斧斤伐之，可以為美乎？

牛山上的林木曾經美好過。但因位於大城市的近郊，天天有人拿斧頭砍伐，以致成了一片禿山，還可以美得起來嗎？

企業家當前最重要的一項社會責任，而且在今天世界的潮流和風氣下，沒有任何其他社會階層可以勝任愉快，就是幫助社會塑造現代倫理，並且建構一個有效的社會支援體系或社會誘因制度，以世俗的金錢和地位為誘因，獎善懲惡，導正社會的風氣，使我們成為一個「富而好禮」的國家。這是兩千五百年前孔子一生努力追求的目的，可是因為當時「禮壞樂崩」，以致未能達成。「禮壞樂崩」的禮，就是孔子時代的社會支援體系。傳統時代社會資源功名利祿主要掌握在政府手中，由政府「道之以德，齊之以禮」，或「道之以政，齊之以刑」，引導人民的觀念、價值和行為。家庭、鄉黨和教育也發揮一定的影響。

到了現代，社會資源主要集中在工商業手中，現代社會百分之七十以上的人力在工商領域就業和發展，工商業的永續發展需要以倫理維繫，所以工商業重視倫理不但有利於國家的經濟發展，也有助於社會的秩序、和諧與安定。這是作為企業負責人和決策者對國家可以做出的最大的貢獻。

## 四、當前企業家面臨的挑戰

一國的經濟成長是這個國家勞動生產力長期持續提高的結果。勞動生產力提高在一定技術水準下，可藉投資使資本增加，然而資本增加對提高勞動生產力的貢獻，受邊際報酬遞減的影響有其極限。所以技術必須不斷進步，使資本和勞動的生產力不斷提升，才有以人均產值持續增加為特質的現代經濟成長。需要和購買增加可使就業和生產增加，由勞動、資本和技術共同形成的生產能量得到充分的利用。然而唯有技術進步和投資使資本增加，才能有長期持續的經濟成長。所以現代經濟成長是長期供給面的現象，不是只靠凱因斯短期需要面的政策所能促致。

台灣自國民政府遷台以來，靠著民營化和漸進自由化的經濟政策，發展教育，引進技術，獎勵儲蓄和投資，促成快速的經濟成長，成為發展中國家的典範。從一九六〇年代到八〇年代，我們每天看到經濟在進步；大家都相信明天會更好。三十年間遭遇的大大小小經濟問題，都迎刃而解，從未阻礙台灣經濟的快速成長。一九七〇年代後期，由於經濟成長表現卓越，成為東亞四小龍的一員。

一九八〇年代發展科技產業，成為世界科技產業的重鎮。一九八四年三月蓋瑞・費爾茲（Gary S. Fields）在一篇論文中說：「要想發展成功，跟著台灣做。」一九九七年晉入世界工業國家亦稱先進經濟體之列。二○○五年五月《商周》（*Business Week*）的封面報導說：「台灣為何重要？世界經濟沒它不行。」（Why Taiwan Matters? The Global Economy Couldn't Function Without It.）。不過嚴格說，台灣的經濟發展於一九九○年代到達高峰，從此再無重大創新亦無重大投資帶領國家經濟前進，真是令人感歎！

多年以來兩岸關係缺少穩定發展的政治基礎，對岸已成世界第二大經濟體，而台灣在國際經貿體系中日愈孤立，政府喪失引領與支援產業發展的能力，以致投資環境充滿不確定性與不可預測性。因此投資萎縮，人才與資金外流，經濟成長的供給面擴張無力，靠低幣值、低工資、低物價支撐出口增加，維持小幅成長。以政治手段調高薪資，只有使投資減少，成長率降低，資金和人才外流更多；倒果為因，完全開錯了藥方。

由於國民儲蓄大量超過國內投資，近年國際收支經常帳的順差，每年約在國內生產毛額（GDP）百分之十三左右。所謂經常帳順差是指貿易差額與生產因素國外所得淨額之和，經常帳順差使外匯增加，外匯累積於中央銀行，不能作生產性運用；人民手中的儲蓄不斷投資於國外「基金」，風險日增。

## 全面全球化引起世界經濟生態改變

一九八〇年代，由於中國和印度兩個人口大國加入世界市場，世界經濟從此進入全面全球化時代。全面全球化使商品價格趨於平穩。因為對任何單一國家而言，商品的需要來自國內，但商品的供給來自全世界，用經濟學的術語來說，商品供給的價格彈性趨向無窮大，所以國內商品價格稍有上漲，國外的供給就會源源而來，使物價降低。

商品價格穩定鼓勵各國貨幣當局增加貨幣供給，引起利率下降。利率下降使資產價值上升，吸引過多的資金從商品市場流入資產市場，追逐資產升值的利益，推高資產價格，產生資本利得。資本利得鼓勵更多資金流入資產市場，使資產價格進一步上漲。

因此我們在討論貨幣數量與物價的關係時，必須區別商品價格膨脹與資產價格膨脹，而傳統以消費者物價表示之所謂「通貨膨脹率」也失去原來的意義。

資產包括金融資產和實物資產；實物資產經過證券化亦可成為金融資產。各種金融資產經過多重包裝，成為所謂「複雜結構型金融產品」，隨著一九八〇年代以來的自由化、全球化、金融制度鬆綁、美國次級房貸、金融保險制度和寬鬆貨幣等，引起世界投資「基金」熱潮，使資產泡沫不斷膨脹，最後終於破滅，導致二〇〇八～〇九年的世界金融危機。

金融危機引發嚴重之世界經濟衰退。美國、日本和歐盟為刺激經濟復甦，紛採量化寬鬆的貨幣政策。大量購入債券，釋出貨幣，使貨幣數量較二〇〇八～〇九年金融危機前增加更多，利率下降接近零，減去物價膨脹率之「真實利率」甚至成為負值。

儘管已開發國家大量增加貨幣，降低利率，然而各國經濟成長緩慢，物價膨脹率亦未見顯著上升。根據二〇一七年十二月二十三日《經濟學人》（*The Economist*）的報導，二〇一七年消費者物價的平均年上漲率美國為百分之二點一，歐元區為百分之一點五，日本只有百分之零點五。

低利鼓勵各國舉債，根據國際貨幣基金發布的統計，二〇一五年底，世界負債總額不包括金融機構的負債為一百五十二兆美元，超過世界年產值的兩倍。不過根據Mckinsey Global Institute的估計則將近二百兆美元，幾達世界年產值的三倍。大公司以低利取得資金，購買自己公司的股票，使股價上漲，股東高興，為經理人加薪，雙方互蒙其利，唯無益於生產力提高與實體經濟成長。

利率低雖使舉債成本降低，然而低利所反映的低物價膨脹率則使負債的真實負擔沉重。高物價膨脹率使負債的真實負擔減輕；物價如上漲一倍，負債的真實負擔就減少一半。所以在過去物價高漲的情況下，負債佔GDP的百分比隨經濟成長而下降。如今世界各國債臺高築，其佔GDP的百分比有增無減，償債需付出使成長率降低的代價，甚至有導致經濟衰退的風險。不斷累積增加的負債，不論外債或內債，終為世界經濟之大患。

自從上個世紀八〇年代以來，世界物價趨於穩定，利率雖有波動，但基本上呈現下降的趨勢。泛濫的資金越來越多從實體經濟流向資產市場，追逐利潤而不創造價值，亦少提供就業，致使實體經濟擴張緩慢，而資產市場活躍興旺。

由於資產主要為高所得階級所擁有，所以資產價值升高使高所得階級的財富與所得增加，社會財富與所得分配不均更為嚴重。

## 全民孜孜為利，其能久乎

活躍多利的資產市場並產生三點重大影響，不利於長期經濟成長。第一，改變投資創業的心態，使初創者（startups）出售其新產品或新技術，獲利了結，享受人生；而非創業發展，建立自己的事業版圖。第二，生產事業設立金融部門，從事財務操作，而非專注本業。第三，吸引優秀青年進入財務金融部門，追逐金錢利益，失去創造價值、提供就業、貢獻社會的壯圖。

簡單的說，活躍的資產市場，誘導人民孜孜為利，既不利於經濟發展，也不利於社會安定。一九八六年十月十七日台北市的股價指數超過一千點，一九八七年上漲百分之一百二十六，一九八八年上漲百分之一百四十三點七，一九八九年上漲百分之六十五點六；交易總額一九八六年為新台幣六千二百五十七億元。一九八九年增至新台幣二百五十萬四千零七十億元。同一時期登記買賣股票的戶數從不到五十萬增至超過四百萬，一九九〇年超過五百萬，全民瘋狂入市。一九九〇年二月股價指數升至一萬二千六百八十二點，終於盛極而衰，在其後八個月內，連續下降一萬多點，於同年十月降至二千四百八十五點，讓無數小民的儲蓄化為烏有。[4]

如今已開發國家的股市和債市都到達一九二九年大蕭條來臨前的高點，等待下一波金融危機來臨，台灣經濟也一定會受到波及，台灣的企業家都準備好了嗎？

（本章是二〇一七年十二月二十八日，我在台北市上市櫃公司協會與東方領袖雜誌主辦「東方領袖講座」的演講；初稿完成於二〇一八年一月三日，經再加修訂。）

1 Adam Smith, *An Inquiry into the Nature and Causes of the Wealth of Nations*, Indianapolis, Indiana, Liberty Classics, 1981, p.456。

2 參看孫震，《企業倫理與企業社會責任》，台北市，天下文化出版，二〇〇九年，頁七四～七五。

3 Milton Friedman, The Social Responsibility of Business is to Increase its Profits, New York Times Sunday Magazine, Sep. 13, 1970。

4 孫震，《世事蹉跎成白首》，台北市，九歌出版公司，二〇一四年，頁七一。

社會人文 BGB467

# 儒家思想在21世紀

國家圖書館出版品預行編目(CIP)資料

儒家思想在21世紀 / 孫震著. -- 第一版.
-- 臺北市：遠見天下文化, 2019.01
面；　公分. -- (社會人文；BGB467)
ISBN 978-986-479-627-4 (精裝)

1.儒學　2.文集

121.2　　107023944

作者 — 孫震

總編輯 — 吳佩穎
責任編輯 — 陳珮真
封面及版型設計 — 張議文

出版者 — 遠見天下文化出版股份有限公司
創辦人 — 高希均、王力行
遠見・天下文化・事業群 董事長 — 高希均
事業群發行人／CEO — 王力行
天下文化社長／總經理 — 林天來
國際事務開發部兼版權中心總監 — 潘欣
法律顧問 — 理律法律事務所陳長文律師
著作權顧問 — 魏啟翔律師
地址 — 台北市 104 松江路 93 巷 1 號 2 樓
讀者服務專線 — 02-2662-0012
傳真 — 02-2662-0007, 02-2662-0009
電子郵件信箱 — cwpc@cwgv.com.tw
直接郵撥帳號 — 1326703-6 號　遠見天下文化出版股份有限公司

電腦排版 — 極翔企業有限公司
製版廠 — 東豪印刷事業有限公司
印刷廠 — 中原造像股份有限公司
裝訂廠 — 精益裝訂股份有限公司
登記證 — 局版台業字第 2517 號
總經銷 — 大和書報圖書股份有限公司　電話／(02)8990-2588
出版日期 — 2019 年 1 月 30 日第一版第 1 次印行
2024 年 1 月 12 日第一版第 2 次印行

定價 — NT 500 元
ISBN — 978-986-479-627-4
書號 — BGB467
天下文化官網 — bookzone.cwgv.com.tw

天下文化

BELIEVE IN READING